Coleção "Gnose" - 68
volumes publicados

1. As Grandes Religiões — Félicien Challaye
2. As Sociedades Secretas — Herman & Georg Schreiber
3. Fenômenos Ocultos — Zsolt Aradi
4. O Poder da Meditação Transcendental — Anthony Norvell
5. O Poder das Forças Ocultas — Anthony Norvell
6. A Biblia Estava Certa — H. J. Schofeld
7. O Ensino das Mahatmas — Alberto Lyra
8. Mistérios Cósmicos do Universo — Adrian Clark
9. A Evolução Divina da Esfinge ao Cristo — Édouard Schuré
10. Raizes do Oculto A Verdadeira História de Madame H. R. Blavatsky — Henry S. Olcoot
11. O Budismo do Buda — Alexandra David-Nell
12. Diálogos de Confúcio
13. A Sugestão Mental — J. Ochorowicz
14. A Magia e o Diabo no Século XX — Alberto Lyra
15. Catecismo Budista — Henry S. Olcoot
16. Além da Razão O Fenômeno da Sugestão — Jean Leréde
17. Os Grandes Iniciados — Édouard Schuré
18. A Arca da Aliança — Michel Coquel
19. Os Caminhos do Graal — Patrik Riviére
20. Os Mistérios da Rosa-Cruz — Christopher Mcintosh
21. Zoroastro - Religião e Filosofia — Paul du Breuil
22. Qabalah - A Doutrina Secreta dos Judeus numa Perspectiva Ocidental — Alberto Lyra
23. A Alquimia e seus Mistérios — Cherry Gilchrist
24. O Poder da Magia — Israel Regardie
25. Reencamação e Imortalidade — Alexandra David-Nell
26. A Religião Astral dos Pitagóricos — Louis Rougier
27. Tao Te King /I Ching O Caminho do Sábio — Sérgio B. de Brito
28. A Franco-Maçonaria — Robert Ambelain
29. O Mistério de Jesus — Vamberto Morais
30. A Meditação pela Yoga — Vamberto Morais
31. Retomo ao Centro — Bede Griffiths
32. O Pensamento Védico — Carlos Alberto Tinoco
33. A Primeira Comunidade Cristã e a Religião do Futuro — Vamberto Morais
34. Psicologia Oriental Os Sete Raios — Padma Patra
35. Tarô Esotérico O Livro de Toth — Julio Peradjordi
36. O Sobrenatural Através dos Tempos — Marc André R. Keppe
37. Os Cátaros e o Catarismo — Luciene Julien
38. Santa Verônica e o Sudário — Ewa Kurytuk
39. O Sentido da Vida — Vamberto Morais
40. O Povo do Segredo — Ernst Scott
41. Meditação ao Alcance de Todos — Henepoia Gunarátana
42. A Deusa da Compaixão e do Amor — John Blofeld
43. A Religião do Terceiro Milênio — Vamberto Morais
44. O Poder do Som — Padma Patra
45. Tratado da Pedra Filosofal de Lambsprinch — Arysio N. Santos
46. O Ocultismo Sem Mistérios — Lorena de Manthéia
47. As Upanishads — Cartos Alberto Tinoco
48. Parábolas para Nosso Tempo — Vamberto Morais
49. Pense Grande — Saly Mamede
50. Misticismo à Luz da Ciência — Newton Milhomens
51. Videntes de Cristo — Adelaide P. Lessa
52. Histórias da Biblia Velho Testamento — Archer W. Smith
53. Histórias da Biblia Novo Testamento — Archer W. Smith
54. MT - O Despertar para o Conhecimento — Marilia de Campos
55. Manual do Místico — Rogério Sidaoui
56. Yoga - Repensando a Tradição — Acharya Kalyams
57. Sociedade Secreta de Jesus — Romero da C. Machado
58. Khisnamurti, Kardec. O Homem — Durval Zanini
59. Pergunte a seus Sonhos — Rosa de Souza
60. Tarô Carbônico — Adriano C. Monteiro
61. Evolução - A Jornada do Espírito — Paulo G. Almeida
62. Aprendiz de Feiticeiro — André Pércía
63. Testículos Habet, Et Bene Pendentes – A Verdadeira História da Humanidade e Suas Possibilidades — Rosa de Souza
64. Vida e Morte, Verso e Re Verso — Adelaide Petters Lessa
65. A Ciência Sagrada dos Números — Tuball Kaha
66. O Ocultismo e Religião — Mateus S. de Azevedo
67. Energia Quântica X Motivacional — Angela Wilgess

AS VIAS DO YOGA

CARLOS ALBERTO TINOCO

T494v   TINOCO, Carlos Alberto.

As vias do Yoga. Carlos Alberto Tinoco. – São Paulo : IBRASA, 2021.

160 p. (Gnose)
ISBN 978-85-348-0381-6

1. Yoga. 2. Religião. 3. Filosofia - Metafísica. I. Título. II. Série.

CDU 294.527

Vivian Riquena CRB 8/7295

Índice para catálogo sistemático:
Yoga: 294.527
Filosofia da mente e do espírito: 13
Metafísica: 11
Religião: 2

AS VIAS
DO
YOGA

CARLOS ALBERTO TINOCO

São Paulo | 2021

IBRASA - Instituição Brasileira de Difusão Cultural Ltda.
São Paulo / SP

© Direitos desta edição reservados à

IBRASA

Instituição Brasileira de Difusão Cultural Ltda.
Rua Ouvidor Peleja, 610 – Tel. (11) 3791.9696
e-mail: ibrasa@ibrasa.com.br – home page: www.ibrasa.com.br

Copyright @ 2021 by
Carlos Alberto Tinoco

Nenhuma parte desta obra poderá ser reproduzida, por qualquer meio,
sem prévio consentimento dos editores. Excetuam-se as citações
de pequenos trechos em resenhas para jornais, revistas
ou outro veículo de divulgação.

Imagens diversas:
Banco de Imagens

Capa & Editoração:
@armenioalmeidadesigner

Revisão:
Camilla Fernandez

Publicado em 2021

IMPRESSO NO BRASIL | PRINTED IN BRAZIL

Sumário

Apresentação 9

Prefácio 11

1- *Yoga* Clássico, *Ashtanga Yoga* ou *Raja Yoga* 17

2- *Hatha Yoga* 37

3- *Tantra Yoga* 51

4- *Karma Yoga* 109

5- *Bhakti Yoga* 113

6- *Jñana Yoga* 117

7- *Purna Yoga* 121

8- *Mantra Yoga* 129

9- *Nāda Yoga* 135

10- *Kryia Yoga* 141

11- *Kundalinî Yoga* 149

12- *Swástya Yoga* 155

Apresentação

Este livro destina-se aos alunos, professores e estudiosos do *Yoga* interessados em conhecer resumidamente, os vários ramos de atuação ou vias do *Yoga.* Os referidos ramos ou vias aqui apresentados, foram expostos de modo resumido, pois este livro é uma pesquisa teórica e bibliográfica sobre o tema *Yoga.*

Em outras palavras, este livro é um ensaio sobre as vias do *Yoga.* Posteriormente, o autor pretende ampliá-lo, de modo a abranger os demais ramos do *Yoga,* aqui não existentes.

As vias do *Yoga* aqui apresentadas são as seguintes:

1- Yoga Clássico, *Ashtanga Yoga* ou *Raja Yoga*

2- Hatha Yoga

3- Tantra Yoga

4- Karma Yoga

5- Bhakti Yoga

6- Jñana Yoga

7- Purna Yoga

8- *Mantra Yoga*

9- *Nāda Yoga*

10- *Kryia Yoga*

11- *Kundalinî Yoga*

12- *Swástya Yoga*

O autor espera com este livro, ter contribuído para o conhecimento do que sejam as vias do *Yoga.*

Curitiba, verão de 2021
Carlos Alberto Tinoco[1]
yogatava@yahoo.com.br
www.carlostinoco.blogspot.com

---

1. Carlos Alberto Tinoco é engenheiro civil, mestre em educação e doutor em história da educação com uma tese sobre o Yoga.

Prefácio

É uma crença corrente e bem consolidada no mundo dos praticantes de Yoga, especialmente no Ocidente, que esta ancestral tradição espiritual indiana oferece um cardápio de diferentes estilos (ou linhas de prática) adequados a diferentes temperamentos, necessidades e inclinações pessoais. Assim, por exemplo, pessoas que exibem uma predisposição emocional mais aguçada tenderiam a seguir a linha do *Bhakti-Yoga* (o *Yoga* da Devoção); outras que exibem faculdades de cognição e auto-observação mais apuradas, tenderiam a preferir o *Jñana-Yoga* (o *Yoga* da Sabedoria); outros, ainda, com necessidades de desbloqueio energético e melhorias da saúde física e mental, são orientados a praticar o *Hatha-Yoga* (o *Yoga* da Força) etc. O critério tradicional para a orientação dos praticantes sobre qual linha é a mais adequada a cada um atribui ao *Guru* (Mestre espiritual) papel fundamental na captação dessas inclinações, necessidades e temperamentos karmicamente condicionados.

A partir daí, surgiram historicamente diversas escolas vinculadas às diferentes linhas: dentro do Hatha-Yoga (mais bem difundido nos países ocidentais), por exemplo, surgiram inúmeras propostas de prática, não necessariamente parametrizadas nos shástras dessa linha tradicional (como o *Hatha-Yoga Pradipiká* de *Swatmarama*), e que recebem muitas vezes o nome de seu "fundador". No campo do *Bhakti-Yoga* é bem conhecida a ISKCON (Sociedade Internacional da Consciência de *Krishna*), comumente denominada de "Movimento *Hare Krishna*", a qual é uma derivação escolástica do *Vaishnavismo Gaudiya*, uma linha tradicional de devoção que tem *Vishnu/Krishna* como seu *Ishta-Devatá* (personificação do Divino para adoração e prática espiritual). No campo do Raja-Yoga (o Yoga Régio da Mente), surgiram derivações modernas como a Meditação Transcendental (MT) de *Maharishi Mahesh Yogi,* dentre tantos outros exemplos ilustrativos.

É possível observar também que, juntamente com o desenvolvimento dessas diferentes escolas e estilos múltiplos, se estruturou um "mercado" no qual os praticantes/adeptos são disputados pelos patronos/líderes/gestores dessas diversas propostas. Não raro, encontramos praticantes – especialmente os neófitos – vagando e experimentando essas diferentes propostas, na crença de encontrar aquela que é a "sua" linha, ou simplesmente fazendo uma degustação contínua de várias linhas, sem se aprofundar em nenhuma delas, durante anos a fio.

Neste contexto, e de modo condizente com a proposta expressa na presente obra de Carlos Tinoco, cabe uma advertência sobre o caráter aparentemente multíplice dessa tradição: o Yoga tradicional indiano, efetivamente, é UNO, no sentido de exibir um conjunto de características e pressupostos definidores, atemporais e comuns às suas diferentes linhas de trabalho. Uma dessas características é a premissa de que a Libertação (*Moksha*) é a grande meta, o objetivo maior a ser buscado, qualquer que seja a ênfase do praticante. Outro aspecto comum é a cosmovisão de suporte às práticas, pautada em ideias como: *karma* (encadeamentos de causa e efeito experimentados no tempo); *samsara* (renascimentos contínuos empurrados pelo *karma*); contato com os *Devas* (espíritos divinos que governam as funções cósmicas, inclusive aquelas vinculadas ao corpo e a mente da pessoa) como auxílio ao desenvolvimento do praticante, dentre outras práticas. Há, ainda, aspectos comportamentais recomendados e que são comuns a todas as linhas tradicionais de autodesenvolvimento yóguico, como *vairágya* (desapego), *abhyása* (prática constante e devotada) etc.

Por isso, as diferentes linhas ou vias do *Yoga* devem ser encaradas pelo praticante como aspectos diferentes de um mesmo objetivo, e não como propostas que disputam a hegemonia no mundo do *Yoga*. É esse aspecto que permite que os praticantes possam mergulhar em uma prática específica de qualquer uma dessas vias e, através dela terminar praticando outros aspectos nessa mesma linha ou de outras. Um exemplo ilustrativo: quando um(a) praticante se dedica de modo sério e ininterrupto ao culto devocional (por meio de *kirtans, pujas*, internalização mental da figura e de seus atributos etc.) de um *ishta-devatá* com o qual nutre um profundo senso de identidade amorosa – prática central do *Bhakti-Yoga* –, ele inevitavelmente também será levado a praticar por consequência, *pratyahára, dhárana* ou concentração, *dhyana* ou meditação, até atingir o *samádhi*. Em função dessa mesma dedicação amorosa, o praticante também se sentirá motivado a dedicar os frutos de suas ações no dia a dia a esse "*deva* particular", incluindo ações de cunho altruísta – como a caridade –, o que constitui o cerne da linha do *Karma-Yoga* ou o *Yoga* da Ação Desinteressada.

Um outro exemplo: a pessoa se dedica com afinco e discernimento ao caminho do *Mantra-Yoga* ou Yoga dos Sons Místicos e, como resultados disso, termina por praticar também o *pránáyáma*, um aspecto importantíssimo das vias do *Raja-Yoga e Hatha-Yoga*. Dependendo do tipo de *Mantra* que utilizasse como veículo em suas práticas, isso pode conduzi-lo ao despertar da *Kundaliní*, que é a base principal da *Kundaliní Yoga* e do *Kriya Yoga* ou *Yoga* da Purificação. A pessoa também poderá vivenciar, usando este veículo, a percepção direta do *Átman*, o Observador Silencioso, ou o Ser, distinguindo-o de todos os demais aspectos ilusórios, o que consiste na prática fundamental do *Jñana Yoga*.

Estes exemplos reforçam a argumentação acima enunciada, sobre o caráter unitário e indiviso do *Yoga*. A imagética hológrafica ajuda-nos a entender esse aspecto maravilhoso da tradição do *Yoga*, na medida em que um holograma se caracteriza pelo fato de cada uma de suas partes constituintes refletir o todo. Mergulhar a atenção em qualquer de suas partes nos remete à visão da totalidade do holograma. Esta parece ser uma imagem adequada da unicidade do *Yoga*.

O livro de Carlos Tinoco, expõe didática e detalhadamente de modo fundamentado, as diversas linhas de trabalho no universo do *Yoga* e certamente contribuirá para que os praticantes sinceros, possam buscar a orientação adequada para suas inclinações, potenciais e necessidades. Essencial é perceber que o "absoluto" se manifesta para cada pessoa, através do *Yoga*, em algum aspecto que condiz com sua natureza mais íntima, e esse misterioso poder que está, oculto no coração dos seres, é quem nos conduz à plenitude.

Que todos aqueles que buscam a abençoada libertação espiritual a encontrem sem demora!

OM TAT SAT

ARISTIDES OLIVEIRA Jr.

O *Yoga* possui várias vias, ramos e subdivisões. Dentre as principais, pode-se destacar as seguintes:

1. Ashtanga Yoga ou Yoga Clássico

Representação de Patañjali. (Foto do autor)

Via do *Yoga* de oito membros ou partes, também chamada de *Raja Yoga*, consubstanciada no *Yoga Sutra*, cujo autor é *Patañjali*, um membro da casta dos *brâhmnes* que teria vivido entre 200 a.C. e 200 d.C.

Existem diversas lendas sobre *Patañjali* e há uma que diz que ele seria uma encarnação da serpente *Ananta* ou *Shesha*, meio homem e meio cobra, que desejava ensinar *Yoga* ao mundo, caindo do céu nas palmas das mãos abertas de uma mulher chamada Gonikâ, que passou a chamá-lo *Patañjali*. O mais importante texto do *Yoga* é o *Yoga Sutra*, escritos por *Patañjali*. Sua composição é a seguinte:

Capítulo 1- *Samâdhi Pada*..........................51 versos

Trata da definição do *Yoga* como um estado de consciência caracterizado pela cessação das atividades da mente (*chita vrtt nirodâ*), classifica as atividades da mente, os onze tipos de *Samâdhi* (êstases), sobre o Supremo Senhor (*Ishvara*) e sobre os obstáculos à obtenção do *Samâdhi*.

Capítulo 2 – *Sâdhana Pada* .... 55 versos

Trata sobre o *Kriya Yoga,* as perturbações da mente (*Kleshas*) como a causa do *Karma*, as três forças que atuam no universo (*Gunas*), os oito membros do *Yoga (Yamas, Nyamas)*, as posturas físicas – ásanas –, sobre a inversão dos sentidos (*Pratyahara*), a concentração, e a meditação como fatores de estabilização da mente. Trata inclusive sobre os *Samâdhis*.

Capítulo 3 – *Vibhûti Pada* ....56 versos

Trata da definição de concentração, da meditação e do *Samâdhi,* diz da importância da concentração para a aquisição de poderes paranormais, descrevendo como se pode obter vários deles. Fala sobre o perigo das práticas mediúnicas e sobre os *Pranas.*

Capítulo 4 – *Kaivalya Pada*...................... 34 versos

Trata como se obtém poderes paranormais, sobre o *Karma* do *Yogue,* os *Samskaras* e *Varsanas* (resíduos do passado que existem no inconsciente), a Libertação Espititual (*Kaivalya*) e o *Dharma Mega Samâdhi.*

O caminho para se alcançar a Libertação Espiritual envolve uma mudança no estilo de vida, assim, como práticas que levem ao controle das atividades da mente. Não tem sentido destacar do *Yoga* apenas algumas das suas práticas isoladas. Também não faz sentido seguir o conjunto de práticas do *Yoga*, mantendo uma visão ocidental a respeito da natureza do ser humano e da realidade.

O *Yoga Sutra* é o texto primário mais importante sobre o *Yoga*. Como eles tratam de meditação, o *Yoga Sutra* é considerados o mais importante textos do *Raja Yoga*, ou *Yoga* Clássico. *Patañjali* foi um adepto do *Yoga* muito inteligente e astuto, sendo considerado por alguns estudiosos como aquele que descreveu a composição do inconsciente humano (*Varsanas* e *Samskaras*). O *Yoga* de *Patañjali* representa o ponto culminante de um amplo processo de desenvolvimento das técnicas do *Yoga*. De todas as escolas de *Yoga* que haviam nos primeiros séculos da Era Cristã, a escola de *Patañjali* acabou sendo reconhecida como a representante do *Darshana Yoga*. Ao se ler o *Yoga Sutra*, é possível perceber com alguma atenção, certa influência budista no texto. Isso pode ser possível, uma vez que Patañjali viveu em um período da História da Índia, onde o budismo exercia grande influência.

Quase nada se sabe sobre *Patañjali*. Há quem o identifique com o famoso gramático de mesmo nome, que teria vivido no século II a.C. e que seria o verdadeiro autor do *Mahâ-Bhâshya*, uma famosa obra a "Gramática do Sânscrito". A opinião mais aceita é que se tratem de pessoas diferentes. Mas a Índia conhece, além do gramático, vários outros *Patañjalis*. Houve um mestre do *Samkhya* que tinha o mesmo nome, cuja doutrina é recapitulada no texto *Yukti-Dipika*, escrito provavelmente entre os séculos VII e VIII d.C. Atribui-se a outro *Patañjali* a autoria do *Yoga-Darpana*, que significa "O Espelho do *Yoga*", de data desconhecida. Há um outro *Patañjali* que foi mestre em *Yoga* que fazia parte da tradição *Shaiva* do sul da Índia.

Nas representações de *Patañjali*, se encontram várias serpentes que representam a onipresença. Essas serpentes recobrem a cabeça de *Patañjali*. É comum se observar praticantes do *Yoga* prostrarem-se diante da imagem de *Ananta*, antes de darem início aos seus trabalhos.

Patañjali, ao escrever o *Yoga Sutra*, valeu-se de outras obras já existentes no seu tempo. Alguns estudiosos pensam que a sua contribuição ao estudo do *Yoga*, teria sido modesta, sobre o que, muitas pessoas discordam. Um exame do *Yoga Sutra* nos revela que seu autor teria sido um compilador e um sistematizador. Ele reuniu no seu trabalho, conhecimentos sobre o *Yoga* disponíveis no seu tempo, dando-lhes um aspecto unitário. O *Yoga Sutra* não comporta apenas uma interpretação. Ao ler-se esse texto, tem-se a impressão de que se trata de apontamentos para serem desenvolvidos na sala de aula. É um texto complexo, telegráfico, contendo versos curtos de difícil interpretação. Cada vez que se lê o *Yoga Sutra*, se dá interpretações diferentes sobre os mesmos versos. É provável que o seu autor tenha consultado obras que não sobreviveram até os dias atuais. Sua obra é aforística e a compôs nos dias áureos da especulação e do debate filosófico na Índia antiga. Seu texto é uma composição sistemática que trata de definir quais os elementos mais destacados da teoria e da prática do *Yoga*. Durante algum tempo, a escola de *Patañjali* foi muitíssimo influente, pelo que se depreende das inúmeras citações feitas à sua obra.

Adi Shakaracharya (788 – 820) em pintura de *Raji Ravi Varma (*1848-1906).

O *Yoga Sutra* são dualistas, admitindo a existência do Espírito (*Purusha*) e da Matéria (*Prakritî*). Como se sabe, a escola filosófica mais importante da Índia é o *Advaita Vedanta*, que aceita que tudo é Espírito. Para essa escola, tanto a realidade material quanto a realidade espiritual são o Absoluto *Brahmân*. Por essa razão, a escola de *Patañjali* não floresceu completamente, na Índia. O principal expoente da escola *Advaita Vedanta* é *Adi Shankaracharya* ou simplesmente *Shan-kara*.

Como informação complementar, a seguir, estão especifi-cadas as seis escolas filosóficas do hinduísmo ou os seis *Darshanas:*

Essas escolas seriam:

ESCOLA	TEXTO BÁSICO	DATA EM QUE FOI ESCRITO	FUNDADOR
NYAYA	*Nyaya-Sutra*	Séc. VII a.C.	*Gautama* (*)
VAISESIKA	*Vaisesika-Sutra*	Séc. II a.C.	*Kanada*
MIMANSA	*Purvamimansa-Sutra*	Séc. II a V d.C.	*Jaimini*
VEDANTA	*Brahmâ-Sutra, Baga-Badarayana vad Gita, Upanishads antigas*	Séc. VIII a II a.C.	
SANKHYA	*Sastitantra* (desaparecido)	(?)	(?)
YOGA	*Yoga Sutra*	Séc. II a. C. a II d.C.	*Patânjali* (**)

Em seguida, uma exposição resumida de cada uma dessas escolas:

(*) Não se trata de *Sidarta Gautama*, o *Buda*.

(**) O *Yoga* existia desde muito antes de Cristo. Foi *Patânjali* quem codificou o *Yoga*, recolhendo e sistematizando seus conhecimentos milenares. *Patânjali* incluiu o *Yoga* no seio da ortodoxia *vêdica*, através dos seus *Yoga Sutras*.

1. Nyaya

É uma escola analítica e não especulativa. Contribui muito para o desenvolvimento do pensamento racional, científico. Defende a concepção de que é possível atingir o Absoluto através do pensamento lógico. É uma escola adequada ao debate, admitindo que todas as formas de conhecimento são simples instrumentos de revelação da realidade. O que podemos perceber é a realidade filtrada através dos nossos sentidos e modificada pelos nossos condicionamentos. De certa maneira, a escola *Nyaya* estabeleceu uma teoria do conhecimento, quando diz que existem quatro fontes de conhecimentos corretos: 1- percepção (*pratiaksha);* 2- inferência (*anumana*); 3- analogia (*upamana*); 4- o testemunho fidedigno (*sabda*). O fundador da escola *Nyaya, Gautama*, era chamado pela alcunha de "*Aksapada*", cujo significado é "o de olhos fixos nos pés". É uma escola teísta que mantém um ponto de vista semelhante ao *Yoga*, onde Deus é uma alma, sendo onisciente, onipotente e eterna como todas as outras. A Liberação Espiritual apresentada no *Nyaya Sutra,* Livro IV, é o desapego associado ao ascetismo, o que conduz a um estado de absoluta inconsciência, concepção muito parecida com o *Samkhya*. A escola *Nyaya* usa no desenvolvimento dos seus raciocínios, pensamentos semelhantes ao silogismo.

2. Vaisesika

É uma escola atomística. Segundo ela, os átomos das diversas substâncias são desprovidos de extensão, mas, quando se combinam uns com os outros, adquirem extensão e visibilidade. Etimologicamente, a palavra *Vaisesika*, é procedente do termo sânscrito "*vivesa*" (categoria), que significa "diferença", e expressa as diferenças, traços distintos ou natureza manifesta das coisas individuais. *Kanada*, palavra que significa "comedor de átomos", fundador desta escola, ele organizou diversas ideias e conceitos existentes de modo desordenado, que são encontrados em vários livros *védicos* existentes na época, identificando a escola *Vaisesika*.

Na natureza, existem seis categorias eternas que se combinam em diferentes proporções, como segue:

1- substâncias (*Padhatha*) compreendendo: terra, água, fogo, ar, éter, tempo, espaço, alma e mente;

2- qualidades (*Gunas*) abrangendo: cor, paladar, olfato, tato, número, extensão, individualidade, conexão, separação, prioridade, posterioridade, conhecimento, prazer, dor, aversão e vontade;

3- movimento e ação (*Karma*);

4- associação (*Samanya*);

5- diferença (*Visesa*);

6- inerência (*Samavaya*).

3. Mimansa

Há duas linhas de pensamento com esta mesma denominação: *Uttara-Mimansa* e *Purva-Mimansa*. A palavra *Mimansa* significa "pensamento profundo", "reflexão", "exposição" e quando aplicado à filosofia, quer dizer "reflexão" ou "exposição sobre o *Véda*". Apenas para usar expressões ocidentais para esclarecer melhor, pode-se dizer que *Mimansa* é uma espécie de ciência escolástica sacerdotal que define os cânones ortodoxos da liturgia do *brahmanismo*. Por esta razão, a palavra *Mimansa* já aparece nos *Brâhmanas* mais recentes, com o significado de uma discussão a respeito de práticas rituais.

4. *Samkhya*

É uma escola que apresenta uma exposição teórica da natureza humana, especificando e enumerando seus elementos (*Bhandas*) e descrevendo sua condição quando se alcança a iluminação (*Moksha, Kaivalya*). Antes de ser sistematizada esta escola, sua terminologia já se encontrava na *Svetasvatara Upanishad,* por volta do século IV a.C. É na *Svetasvatara Upanishad* que se encontram elementos referentes ao *Yoga* e ao *Sankhya*. Muita pouca coisa se sabe a respeito da história desta escola ortodoxa, até o aparecimento do primeiro trabalho sistematizado, escrito por *Ishvarakrishna* possivelmente no século V d.C., com o título de *Sankhya – Karikâ*. Os estudiosos aceitam a existência de um *Samkhya* antigo, anterior à sua sistematização por *Isvarakrishna*. Elementos desse período antigo podem ser encontrados no *Mokshadharma*, um dos livros integrantes do poema épico *Mahâbhârata*. A palavra *Samkya* pode ser traduzida por "desmembramento" ou "discriminação". No *Mahâbhârata* a palavra *Samkhya* significa "conhecimento filosófico". No texto *védico* intitulado *Santiparvan, Samkhya* e *Yoga* significam "os dois conhecimentos eternos", sendo a primeira a teoria filosófica e a segunda a prática espiritual.

5. Yoga

A palavra *Yoga* é originária do verbo sânscrito "*yuj*", que significa unir, juntar e é do gênero masculino. Esta escola tem por objetivo o despertar da consciência através da libertação do homem da roda do *samsara*, ou "roda dos nascimentos e mortes". Muito usada pelo hinduísmo, a palavra *samsara* aparece nas *Upanishads*, significando a transmigração da alma, seu processo contínuo de encarnar e desencarnar devido à lei do *Karma*. A doutrina do *samsara* tem origem desconhecida, e as tentativas de explicá-la através de elementos ou raízes não arianas foram infrutíferas. Decorrente da ignorância central do ser humano denominada *Avidyâ*, surge de modo compulsório o ato contínuo de encarnar, desencarnar e assim sucessivamente, segue arrastando do a alma individual até ela mergulhar nesse ciclo terrível. *Avidyâ* é uma consequência do envolvimento do Âtman ou *Purusha* nos processos psicomentais do Ego, que o faz confundir-se com tais processos.

A origem do *Yoga* é remota, tendo surgido, provavelmente do xãmanismo pré-histórico. O *Yoga* sempre foi muito respeitado pelas religiões ortodoxas e inortodoxas. Algumas dessas escolas assimilaram o *Yoga* com o objetivo de angariar prestígio. Assim, existe um *Yoga brahmânico* ou *vêdico*, um *Yoga jainista*, um *Yoga budista* e um *Yoga* no *Vedanta*. O *Yoga* ao qual se refere este texto, é o *Yoga vêdico*, ou seja, o *Yoga* visto dentro do *hinduísmo*.

6. *Vedanta*

Palavra *Vedanta* significa "fim do *Véda*" e designava no passado, as *Upanishads*, pelo fato dessas estarem localizadas no final dos textos *védicos*. Primordialmente, *Vedanta* designava o conjunto de ensinamentos encontrados nas *Upanishads*. Com o decorrer do tempo e somente tardiamente, aproximadamente durante os primeiros séculos antes de Cristo, *Vedanta* passou a ser a denominação específica de um sistema filosófico que se opõe aos outros *Darsanas*, especialmente ao *Samkhya* e ao *Yoga* clássico.

Os primeiros versos do *Yoga Sutra*, são os seguintes:

I.1. *Atha yogânushâsanam* (Eis aqui, a lição sobre o *Yoga*);

I.2. *Yogachittavrttinirodâ* (O *Yoga* é a contenção dos turbilhões da mente);

I.3. *Tadâ drashthuh svarûpe'vasthanam:* então, (quando se faz essa contenção), o praticante vê a sua forma essencial (o Eu Trancendente);

I.4. *Vrtti Sârûpya Itaratra* (Em caso contrário), ele se considera como sendo os seus pensamentos.

Pela leitura do verso I.1, se depreende que o *Yoga* está associado à mente e não ao corpo. Isso conduz a uma mudança do ponto de vista do "observador", o qual é a consciência, não a mente. Ela é a parte do ser humano que contempla as sensações, as ideias, os pensamentos, os sentimentos, sem se envolver com eles, apenas os observando.

A palavra *Sutra* tem várias acepções. Seria um tipo de verso em sânscrito, um tipo de literatura sagrada da Índia ou fio que prende as contas de colar. Normalmente, são versos curtos, e o *Yoga Sutra* nos dão uma ideia de quanto são concisos os seus versos.

Sobre o *Yoga Sutra* foram escritos muitos comentários e dentre eles, podemos destacar os seguintes:

1. Yoga-Bhasya

Cujo autor foi *Vyasa* – século VII d.C.;

O *Yoga Bhashya* é um comentário sobre os *Yoga Sutra* de *Patañjali*, tradicionalmente atribuído no discurso da tradição ao sábio *Vêdico Vyasa*, que se diz ter composto o *Mahabharata*. Alguns estudiosos acreditam que *Vyasa* seja um comentador que teria vivido no IV ou V século d.C. O *Yogabhashya* afirma que a palavra "Yoga" no *Yoga Sutra* tem o significado de *"Samâdhi".*

2. Tatva-Vaisharad

Cujo autor foi *Vacaspati Mishra* – século XII d.C.;

Vācaspati Mishra era um filósofo indiano do século IX ou X. Ele escreveu tão amplamente que ele era conhecido como "um para quem todos os sistemas são seus". *Vācaspati Misha* foi um erudito prolífico e seus escritos são muito extensos, incluindo *Bhasyas* (comentários) em textos-chave que abrange quase todas as escolas do século IX da filosofia hindu, com notas sobre tradições não-hindu ou *nāstika* como *Budismo* e *Carvaka*. Ele também escreveu um comentário intituado *Tattvabindu*, ou "Caindo na Verdade", que se concentra nas teorias *Mīmāṃsā*. Algumas de suas obras estão perdidas para a história ou ainda não foram encontradas. Pouco se sabe sobre a vida de *Vācaspati Mishra*, e o seu primeiro texto é datado, com certeza é de 840 d.C. Ele era, pelo menos, uma geração mais nova do que *Adi Shaṅkaracharya*. No entanto, uma data alternativa para o citado texto pode ser 976 d.C., de acordo com alguns estudiosos. Essa confusão que se baseia no calendário Hindu *Shaka* ou *Vikrama,* que era usado para fins de encontros entre pessoas.

3. Raja Martanda

Cujo autor foi o Rei *Bhoja* – século XI d.C.

Bhoja reinou entre 1010 e 1055 d.C. Era um rei indiano da dinastia *Paramara.* Seu reino estava centrado em torno da região de *Malwa*, no centro da Índia, onde estava localizada a capital *Dhara. Bhoja* lutou em guerras contra quase todos os seus vizinhos, tentando ampliar seu reino com diferentes graus de sucesso. No seu zênite, seu reino se estendeu do norte de *Chittor*, até o alto *Konkan* ao sul e do rio *Sabarmati* no oeste até *Vidisha* no leste*. Bhoja* é mais conhecido como patrono de artes, literatura e ciências. O estabelecimen-

Estátua do Rei Bhoja.

to do *Bhoj Shala*, um centro para estudos sânscritos, foi outorgado a ele. *Bhoja* era polêmico e escreveu muito. Vários livros que cobrem uma ampla gama de tópicos também são atribuídos a ele. *Bhoja* também afirmava ter construído uma grande quantidade de templos dedicados a *Shiva*.

Por causa de seu patrocínio aos estudiosos, *Bhoja* tornou-se um dos reis mais célebres da história indiana. Após sua morte, ele apareceu em várias lendas como um justo rei erudito. De acordo com *Bhoja-Prabandha*, o nome de sua mãe era *Savitri*. A reputação de *Bhoja* como um erudito sugere que ele foi bem-criado quando criança. O *Bhoja-Prabandha* afirma que ele foi bem-educado por seus guardiões, bem como por outros eruditos.

Segundo *Bhoja-Prabandha*, no começo de sua vida, *Bhoja* sofria de intensas dores de cabeça. Dois cirurgiões *brâhmanes* de *Ujjain* o deixaram inconsciente usando um pó anestésico chamado *moha-churna*. Eles abriram seu osso craniano, retiram um tumor e depois o fizeram recuperar a consciência, administrando outro pó, chamado *sanjivani*. De acordo com o *Tilaka-Manjari* composto por *Dhanapala*, contemporâneo de *Bhoja,* os seus pés tinham marcas de nascimento auspiciosas, que indicavam que ele estava apto para ser um rei. Assim seu tio *Munja* que antecedeu seu pai, nomeou-lhe rei.

No entanto, várias ledas posteriores afirmam que *Munja* estava inicialmente, com ciúmes de *Bhoja* e tentou impedi-lo de se tornar rei. *Munja,* que queria que seu próprio filho se tornasse o rei, ordenou o assassinato de *Bhoja*. Este foi nomeado rei pelos ministros reais após a morte de *Munja*.

Bhoja sempre foi conhecido como um erudito e a autoria de vários livros são atribuídos a ele. Como essas obras cobrem uma enorme variedade de tópicos, não se tem certeza, se ele escreveu todos os livros a ele referendados. Também sabemos que ele era um especialista em poesia. *Bhoja* supostamente escreveu 84 livros. Sendo que as obras sobreviventes atribuídas a *Bhoja*, incluem os seguintes textos em sânscrito:

– *Bhujabala-bhima (Bhujabalabhīma)*, um trabalho sobre astrologia;

– *Champu-Ramayana ou Bhoja-Champu (Campūrāmāyaṇa)*, um relato do *Ramayana,* uma mistura de prosa e poesia;

– *Charucharya (Cārucārya)*, um tratado sobre higiene pessoal;

– *Govinda-vilasa*, poemas;

– *Nama-Malika*, um tratado elaborado sobre lexicografia;

– *Raja-Martaṅda (Rājamārtaṇḍa)* ou *Patanjali-Yogasutra--Bhashya*, um grande comentário sobre o *Yoga Sutra* de *Patanjali*; Inclui uma explicação de várias formas de meditação.

4. Yoga- Varthika

Cujo autor foi *Vijñana Bhiksu* – século XVI d.C.;

Vijñānabhikṣu ou *Vijnana Bhikshu*, foi um filósofo hindu do século XV ou XVI, que ficou conhecido por seus comentários, sobre várias escolas de filosofia hindu, particularmente o texto do *Yoga* de *Patañjali.* Segundo ele, existe uma unidade entre as filosofias *Vedānta, Yoga* e *Samkhya*. Ele teve significativa influência no movimento Neo-*Advaita* da era moderna.

5. Maniprabha

Cujo autor foi *Ramanda Saravati* – século XVII d.C.

O livro de *Ramanada Sarasvatî* é um comentário a *Yoga Sutra* de *Patañjali*. Intula-se *Maniprabha*, cujo significado é "Brilho do *Yoga*", a obra que comenta o referido texto de *Patañjali*, diretamente. Pouco se sabe sobre a vida de *Ramanada Sarasvatî*.

No entanto, é certo que ele teria vivido no século XVII d.C.

A divisão do *Yoga Sutra* em capítulos é de certa forma, arbitrária e aparentemente sua origem vem de uma má reorganização do texto. Um estudo atencioso dos *Yoga Sutra* aponta para o fato de que, em seu aspecto atual, ele não poderia ter uma elaboração uniforme. Por essa razão, alguns estudiosos estão tentando recompor a sua suposta forma primitiva. Essas tentativas não foram exitosas. Assim, é preferível encarar o texto com um olhar mais compreensivo, admitindo que ele seja mais homogêneo do que alguns estudiosos ocidentais pensam. Admite-se que esse texto contenha elementos de até duas tradições distintas. Como se pode deduzir da tradução do *Yoga Sutra, Patañjali* admite-se a existência de *Purusha* (espírito) e *Prakritî* (matéria), daí o dualismo. Foram transcritos abaixo, dois *sutras* para evidenciar o dualismo do *Yoga* Clássico. (FEUERSTEIN, 2001, p. 277 e 278):

"I.19. O êxtase daqueles que se fundiram com a natureza (*prakritî-laya*) e (daqueles que estão) sem corpo (*videha*) nasce da persistência da ideia de vir-a-ser."

No verso acima, *Patânjali* fala sobre a "Natureza" (*Prakritî*) e daqueles que são "sem corpo", ou Espíritos (*Purusha*), o que significa um dualismo.

"I.16.A [forma] superior dessa [impassibilidade] é o não ter sede dos componentes (*Guna*) da Naturaza, o que decorre da visão do Si Mesmo (*Purusha*)."

No verso acima, *Patânjali* também fala sobre a Natureza e sobre o Espírito ou *Purusha*.

A palavra *Guna* refere-se às três "forças" que comandam a natureza (*rajas*, *tamas* e *sattva*). *Rajas* representa a atividade, o que é centrífugo, a cor vermelha, luminosidade. *Tamas* é a passividade, o que é centrípetro, a obscuridade. *Sattvas* é o equilíbrio, a luz e a sabedoria. Os três Gunas – *Sattva, Rajas* e *Tamas* – são considerados como as qualidades fundamentais da natureza, ou *Prakriti*.

O *Samkhya* é uma das seis escolas filosóficas dos *Védas* (*Darshana*). Esse *Darshana* é a base teórica sobre o qual se baseia o *Yoga* Clássico. Para que se tenha uma ideia da influência do *Samkhya* no *Yoga* Clássico, estão transcritos abaixo alguns *sutras* do *Samkhyakarikah*, traduzido do sânscrito para o espanhol por Rosalina Romero (ROMERO, R. 2003 ps.19, 33, 47 e 48). O referido texto é o mais importante do *Sankhya*: "2 – A Natureza, origem de tudo, não é um produto; os sete, como o Grande Princípio e outros, são produtos e produtores; mas os dezesseis, são produtos; o Espírito não é produtor nem produto."

Vale assinalar que a palavra Natureza é a matéria ou *Prakritî*. A palavra Espírito é o que se denomina em sânscrito por *Purusha*. A expressão "os sete", pode ser definida como: 1- *mahat* (a grande mente de onde se originaram as mentes individuais – *chittas*); 2- *ahamkara* (o ego humano) e os cinco *tanmatras* ou cinco sentidos: 3- visão; 4- audição; 5- paladar; 6- tato e 7- audição.

Os "dezesseis", significam: os seis órgãos dos sentidos, as cinco faculdades da ação (fala, apreensão, locomoção, evacuação e procriação) e a faculdade dos sentidos (visão, audição, paladar, tato e olfato): "17- A pluralidade de espíritos se prova, porque o nascimento, a morte e os órgãos estão determinados individualmente; porque a atividade é diversa e também, pela oposição entre os três constituintes"

A pluralidade de espíritos (*Purushas*) ou os muitos espíritos individuais existentes pode ser provada do seguinte modo: se existisse apenas um espírito maior, ou seja, um *Purusha* Supremo, quando alguém nascesse, todos nasceriam simultaneamente, o que não ocorre. Por não aceitar a existência de um *Purusha* Supremo, o *Sankhya* é considerado ateu.

A expressão "os três constituintes", se refere aos três *Gunas,* já referidos acima: "35. Estes reciprocamente são distintos uns dos outros, como modificações específicas dos constituintes; como a lâmpada, tornando visíveis os objetos apresentam ao intelecto, a totalidade do que é bom para o benefício do Espírito"

A expressão "reciprocamente distintos" se refere ao intelecto (*bhuddhi* ou a parte nobre da mente, que é capaz de elaborar pensamentos elevados e ter a intuição) e ao órgão interno (*antarkarana*), centro governante e controlador dos processos vitais que se manifesta como o ego (*ahamkara*), a memória (*cittam*), a compreensão (*buddhi*) e o pensamento (*manas*).

O *Samkhya Karikâ* ou *Samkyakarikâ*, principal texto da escola *Samkhya* é bastante complexo. Explicá-lo aqui, está fora do escopo deste livro. Em resumo, o *Yoga* Clássico é dualista porque aceita a existência de dois princípios fundamentais do universo, o Espírito ou *Purusha* e a Matéria ou *Prakriti* – como já foi dito acima – ambos são concepções da escola *Samkhya,* que é a base teórica ou filosófica do *Yoga Sutra.*

Textos sobre o Yoga Clássico

– *ARANYA, Swami Hariharananda.* **Yoga philosophy** *of Patañjali.* University of Calcutta. 2000.

– BALLANTYNE, J.R.& *DEVA, Govind Sastry.* **Yoga-Sutra of** *Patañjali.* Delhi, Parimal Publications. 2002.

– FEUERSTEIN, Georg. **A tradição do** *yoga*. São Paulo. Editora Pensamento. 2001.

– GULMINI, Lilian Cristina. **O** *Yoga Sutra* **de** *Patañjali.* São Paulo. Dissertação de Mestrado. 2002.

– *IYENGAR, B.K.S.* **Luz sobre los** *Yoga sutra* **de** *Patañjali.* Barcelona, Editorial Kairós. 2003.

– *KARAMBELKAR, Dr. P.V.* **Patañjala Yoga Sutra**. *Maharastra*-Índia (*kaivalyadhama), Lonavla*-410403. (s\d).

– LEGGETT, Trevor - Trad. **Sankara on the** *Yoga Sutra*. Delhi.Motilal Banarsidass Private Limited. 1990.

– *PRASADA, Rama* - Trad. **Patañjali's Yoga Sutra**. New Delhi,.Munshiram Manoharlal Publishers Pvt. Ltda. 2005.

– *RUKMANI, T.S.* - Trad. **Yogavarttika of Vijñanabhiksu** (4 Vols.). New Delhi. Munshiram Manoharlal Publishers Pvt. Ltda. 1980.

– WOODS, James Haughton - Trad. **Yoga Sutra** with **Maniprabha.** Delhi, Eastern Books. 1987.

– *VYASA* (V d.C.). **Yoga Bhashya** (?).

– *MISHRA, Vacaspati* **Tattva-Vaisharadi**. IX d.C.

– ROMERO, Rosalina. *Sâmkhyakarikâh* de *I´svarakrisna*. Buenos Aires. Instituto de Yoga de Lonavla. 2003.

– *Bhoja,* Rei. **Raja Martanda**. XI d.C.

– *BHAGAVATPADA, Shankara* (?). **Vivarana**.

– *MADHAVA.* **Sarva-Dharshana-Samgraha**. XIV d.C.

2. Hatha Yoga

Via do *Yoga* também denominada "*Yoga* da Força". O *Hatha Yoga* é um ramo ou via do *Yoga* que trata das técnicas físicas (*ásanas* –posturas corporais); *prânâyâmas*-técnicas respiratórias; *mudrâs* feitos com o corpo -gestos corporais feitos com o objetivo de afetar as energias *prânicas* do praticante; *bandhas*--contrações corporais; *sat-karmas*-técnicas ou limpezas corporais).

O *Hatha Yoga* é de origem *tântrica*. Os seus fundadores foram *Matsyedra Nath* e *Goraksa Nath*, que viveram no século X d.C. O *Hatha Yoga* surgiu do ideal tântrico denominado *kaya-sadhana*, o ideal de possuir um corpo perfeito ou um "corpo de diamante". *Kaya* significa "corpo" e *sadhana*, caminho espiritual.

Matsyendra Nath

Matsyendra Nath teve os seguintes discípulos: *Goraksha Nath*, Jalandharnath, *Kanifnath (Kanhoba)*, *Gahini Nath*, *Bhartri Nath*, *Revan Nath*, *Charpati Nath* e *Naga Nath*. Pouco se sabe so-

Matsyendra Nath.

bre a sua vida. Seu nome, talvez signifique "O Senhor do Peixe".

A tradição do *Yoga* associa a criação do *Hatha Yoga* a *Goraksha* Nath e ao mestre deste, *Matsyendra Nath*, ambos nascidos em Benares. No *Tantraloka*, escrito por *Abhnavagupta* há uma homenagem a *Matsyendra Nath* como seu *guru*, o que significa que *Matsyendra Nath* deve ter vivido antes da metade do século X d.C. *Matsyendra Nath* foi um dos maiores representantes, senão o único criador da linha de *Yogues* chamada *Nathismo*. A palavra *"Natha"* significa apenas "Senhor". Os membros dessa seita são considerados imortais que vagam pelas regiões do Himalaia. *Matsyendra Nath* é considerado a divindade protetora de Katmandu, sob a forma de *Shweta Matsyendra (Matsyendra* Branco), cuja essência transcendente é o *Bodhidsatva Avaloktesvara.*

Matsyendra Nath (Senhor do Peixe), (de *matsya* "peixe" e *"Indra"*, "Senhor"), também é chamado de *"Mîna"*, que tem a mesma conotação. Pensam alguns estudiosos do *Yoga* que esse nome seja uma referência à sua profissão, pois, ele era pescador.

De acordo com o texto *Kaula-Jñana-Nirmaya,* que significa "Verificação da Gnose *Kaula"*, escrito por volta do século XI d.C., *Matsyendra* recuperou as escrituras *Kaulas* das entranhas de um peixe que as teria engolido. Segundo algumas tradições, a pessoa que leva o nome de *matsyendra* é aquela que dominou a prática de deter os movimentos da mente *(chita)* por meio do *kechârî mudrâ*, uma das técnicas do *Hatha Yoga*.

Ele está associado ao ramo *Kaula* do tantrismo e do movimento *Sidha*. Teria sido o criador do ramo *Yoguine-Kaula. Kula* ou *Kaula* seria a Realidade Superior na sua manifestação *Kundalinî-Shakti.* A palavra *Kula* ou *Kaula* significa "grupo", "família" ou "lar". De acordo com essa escola do tantrismo, *Shiva* é denominado *Akula*, que seria o princípio que está acima de toda a diferenciação. *Matsyendra* também é identificado no norte da Índia como sendo como Luipâ, mestre tibetano. A palavra Luipâ significa em tibetano "Aquele que Come as Entranhas dos Peixes". De acordo com as tradições do Tibete dos oitenta e quatro *maha--sidhas*, há o seguinte relato sobre *Mîna Nâtha* que é o mesmo *Matsyendra Nath*: sendo um pescador, ele passava a maior parte do seu tempo em seu barco, na baía de Bengala. Então, certo dia, ele teria fisgado um grande peixe que puxou a sua linha de pesca com força suficiente para o fazê-lo cair no mar. Ele foi parar na barriga do peixe. Como tinha um bom *Karma, Shiva* que estava falando com sua esposa *Uma,* teria indagado se ela estava ouvindo uma voz que vinha das entranhas do peixe e ela disse "sim". Então usando os seus poderes paranormais, *Shiva* adentrou com seu olhar o grande estômago do peixe e lá o teria encontrado e resgatado.

Goraksha Nath

Nasceu entre a segunda metade do século X e a primeira metade do século XI d.C. ele teria sido um dos fundadores do movimento *Natha*. É considerado um dentre os dois maiores discípulos de *Matsyendra Nath*. De acordo com as lendas sobre ele, em certa ocasião, uma camponesa implorou a *Shiva* que lhe desse um filho homem. Sensibilizado pelas fervorosas orações daquela mulher, *Shiva* teria lhe dado cinzas mágicas para comer, o que lhe asseguraria a gravidez. Por ignorância ela teria atirado fora aquelas cinzas em um monte de esterco. Após transcorridos doze anos, *Matsyendra Nath* escutou uma conversa entre *Shiva* e sua esposa *Pârvati*. Desejando que a camponesa tivesse, por fim um filho, *Matsyendra Nath* foi até a sua casa, em visita. Constrangida pala sua desfeita, confessou o que fizera com as cinzas. *Matsyendra Nath* lhe ordenou que ela revirasse as cinzas, quando então surgiu um menino de doze anos de idade a quem ela deu o nome de *Goraksha*, que significa "Protetor das Vacas". *Matsyendra Nath* se tornou o *guru* de *Goraksha Nath* e tempos depois, este teria

Estátua de *Gorakha Nath* no templo de *Laxmangarh,* Índia.

mais fama que o seu mestre. Relatam que ele teria usado seus poderes paranormais para o bem-estar do seu mestre.

Em uma de suas viagens ao Ceilão, *Matsyendra Nath* teria se apaixonado pela rainha do local. Ela o convidou para morar com ela no seu palácio e em pouco tempo, *Matsyendra Nath* estava completamente seduzido pela vida da corte. Quando *Goraksha Nath* tomou conhecimento da situação do seu mestre, foi resgatá-lo de imediato. Para tanto, assumiu a forma de uma mulher de modo a poder entrar no harém do rei, para confrontá-lo. Graças a intervenção oportuna do discípulo, *Matsyendra Nath* voltou a si, retomando o caminho de volta para a Índia, levando consigo os seus filhos *Parasnâth e Nimnâth.*

Gorakha Nath foi o maior dentre todos os taumaturgos. Ele era oriundo de uma classe social das mais baixas. Teria ingressado na vida ascética muito jovem, sendo celibatário por toda a sua vida. Parece ter sido um homem bastante belo e carismático, tendo viajado muito por toda a Índia. O sábio *Kabir,* um dos maiores poetas e santos da Índia elogiou *Gorakhsa Nath,* em gratidão, por ele ter aprendido deles a doutrina dos *Chakras* e a dos sons *Nāda.*

Algumas pessoas estudiosas do *Yoga*, atribuem a *Goraksha Nath* a criação do *Hatha Yoga*, apesar de algumas técnicas desse ramo do *Yoga* já existirem antes da sua época. Afirma-se também que *Goraksha Nath* teria sido o fundador da ordem *Kânphata* dos *Natha,* que significa "Orelhas Pendidas", uma vez que os seus adeptos usam os lobos auriculares fendidos por onde eram colocadas as grandes argolas denominadas *"mudrâs"* ou *"darshanas"*. Diziam seus adeptos que as fendas nas orelhas afetavam os importantes canais ou "Nadis" da força vital localizados nas orelhas, o que facilitaria a aquisição de poderes paranormais.

A ordem *Kânphata* possui adeptos chamados "jogîs". Ela existe hoje em toda Índia e compreende eremitas, grupos de monges e um pequeno número de homens e mulheres casadas. A maioria dos seus adeptos pertencem às classes sociais mais baixas.

As ideias de *Goraksha Nath* são altamente populares nas áreas rurais da Índia, onde existem monastérios e templos dedicados a ele encontrados em muitos Estados daquele país, principalmente na cidade de *Gorakpur*. Dentre as elites urbanas, o movimento criado por ele tem sido ridicularizado. Sua influência é encontrada em numerosas referências, principalmente nas ideias do *Guru Nanak*, fundador da religião dos Sikhis. Ele o descreve como sendo um poderoso líder que tem um grande número de seguidores.

Textos antigos se referem a *Goraksha Nath* como sendo inicialmente um budista de uma região sob a influência do *Shivaísmo.* Nessa região, teria se convertido ao hinduísmo se tornando um seguidor de *Shiva* e do *Yoga. Goraksha Nath* levou a vida como um apaixonado pelas ideias de *Adi Shankararasharya*, o fundador da escola Não Dualista do *Advaita Vedanta,* como já foi assinalado no texto acima. *Goraksha Nath* considerava a controvérsia entre o dualismo e o não dualismo existente na Índia medieval, como ideia superficial sob um ponto de vista prático. A tradição dos *Natha* teria existido antes de *Goraksha Nath*, mas esse movimento cresceu sob a inspiração dele. Ele teria sido o autor do primeiro livro sobre *Laya Yoga*. Na Índia existe grande número de cavernas e muitos templos a ele são dedicados. O túmulo de *Goraksha Nath* está localizado em *Nath Mandir*, próximo ao templo de *Vajreshwari* localizado a um quilometro de *Ganeshpuri,* em *Maharastra.* De acordo com as lendas, *Goraksha Nath* e *Matsyendra Nath* realizaram penitências no Templo de *Kadri* em *Karnataka.* Seu templo está situado em uma colina chamada *Garbhagiri.*

O *Goraksha Math* é um monastério do grupo dos *Nath* erguido em homenagem ao grande *Yogue Goraksha Nath*, localizado em *Uttar Pradesh*. Nesse monastério são realizadas atividades culturais e sociais servindo de centro de interesse da cidade. Alí, são publicados textos de *Goraksha Nath*.

Há um famoso texto do *Hatha Yoga* escrito em sânscrito que é atribuído a *Goraksha Nath*, de acordo com a tradição *Nath*. Trata-se de um dos primeiros textos do *Hatha* Yoga, denominado *Siddha Sidhanta Padathi.* Esse texto está baseado no Não Dualismo *Advaita Vedanta*, no qual o *Yogue* vê a si mesmo como sendo todos os seres e todos os serem como sendo ele mesmo, incluindo a identidade entre o *Atman* e o Supremo *Brahmân.*

A ordem dos *Kanphatas* fundada por *Goraksha Nath*, está em franca decadência na Índia. Seus adeptos se dedicam à pratica de magia negra, lançam feitiços sobre as outras pessoas, praticam quiromancia e malabarismos, preveem o futuro e interpretam sonhos. Além disso, vendem amuletos de madeira para proteção de quem os usa, fingem curar doenças onde recitam textos sobre os enfermos, praticam falsa medicina e vendem medicamentos falsos por eles fabricados. Muitos dos seus adeptos são desprezados e temidos pelos seus falsos poderes. No entanto, há aqueles que se dedicam a instruir os camponeses sobre temas espirituais e mundanos.

Alguns livros sobre *Hatha Yoga*

– *ÁCARYA, Avadhútika Ánandamitra*. **Yoga para a saúde Integral**. São Paulo. *Anannda Marga* Publicações. 2005.

– AL-CHAMALI, Gabriela Cella. **Yoga – Manual Prático – 108 exercícios para o bem-estar psicocofísico.** São Paulo. Paulus. 1994.

– ANDRADE, José Hermógenes (2ª. Edição atualizada). **Autoperfeição com *Hatha Yoga.*** Rio de Janeiro.

____. **Yoga para nervosos.** Lisboa-Porto-Luanda, Centro do Livro Brasileiro. 1976.

– BLAY, A. **Fundamentos e Técnicas do *Hatha Yoga*.** São Paulo. Edições Loyola. 1986.

– CALLE, Ramiro A. **Yoga y Salud.**Madrid, Alianza Editorial. 1985.

– *DEVI, Indra*. **Yoga: por siempre joven, por siempre sano.** Buenos Aires e outras cidades. 1988.

____. ***Hatha Yoga:* paz e saúde**. Rio de Janeiro, Editora Civilização Brasileira S.A. 1961.

– DUARTE, Cláudio. **7 Exercícios Especiais para Combater o Stress.** São Paulo. Editora STS Publicações e Serviços Ltda. 1997.

– FERNANDES, Nilda. *Yoga,* **uma prática de alongamento**. São Paulo. Editora Ground Ltda. 2003.

_____. *Yoga* **Terapia**.Brasília, Edição da Autora. 1992.

– *GHAROTE,* Dr. *M.L.* **Técnicas de** *Yoga.* Guarulhos-SP. Phorte Editora Ltda. 2000.

– IDEM. *Yoga* **Aplicada - Da Teoria à Prática**. Londrina-PR, Phorte Editora Ltda. 1996.

– *GORAHSHANATHA*. (Dr. *M.L. Gharote*; Dr.*G.K. Pai* Editores). *Siddhasiddhantapaddhatih.* Lonavla, The Lonavla *Yoga* Institute. 2005.

– HITTLEMAN, Richard. *Ioga* **– o programa de 28 dias**. São Paulo. Círculo do Livro. 1986.

– *IYENGAR, B.K.S.* **Litht on** *Yoga.* New Delhi, Harper Collins Publishers India Pvt Ltd. 1996.

_____. **Lithg on** *Pranayama (Pranayama Dipiká)*. London, George Allen & Unwin. 1981.

– JACQUEMART, Dr. Pierre & ELKÉFI, Saída. *Yoga* **Terapêutica**. São Paulo. Organização Andrei Editora Ltda. 1988.

– *JAYATARAMA* (1718 d.C.) *Garote, Dr. M.L. - Trad.* **Jogapradipiká**. Buenos Aires. Centro de Eutonia y *Yogaterapia* .1998.

– *KUVALAYANANDA, Swami.* **Asanas**. São Paulo. Editora Cultrix Ltda. 1976.

– LINDENBERG, Wladimir. **El** *Yoga* **a los ojos de um medico**. Barcelona. Editorial Hispano Europea. 1967.

– LYSEBETH, André Van. **Aperfeiçoando o meu** *Yoga*. Lisboa. Centro do Livro Brasileiro. 1979.

– MARAM, Júlio. ***Yoga* e Montessori.** São Paulo. Edições Loyola. 1976.

____. ***Ioga*, sementes da harmonia.** São Paulo. Edições Loyola. (s/d).

– MIRANDA, Caio. **A Libertação pelo *Yoga*.** Rio de Janeiro-GB. Gráfica Editora NAP S.A. 1960.

– IDEM. ***Hatha-Yoga*, a ciência da saúde perfeita.** Rio de Janeiro-RJ/ São Paulo-SP. Livraria Freitas Bastos S.A. 1962.

____. ***Hatha*, o abc do *Yoga*.** Rio de Janeiro. Editora Tecnoprint Ltda. s/d.

– *MOHAM, A.G. **Yoga* para o corpo, a respiração e a mente.** São Paulo. Pensamento. 2000.

– MUNFORD, John. ***Ioga* psicosomática.** São Paulo. Hemus Editora Ltda. 1984.

– NASCIMENTO, Elzi & QUINTA, Elzita de Melo **Do *Yoga* à Psicologia.** Goiania, IOPTA – Instituto de Orientação Psicológica. 1997.

– PACKER, Maria Laura Garcia. **A Senda do *Yoga*.** Brasília-DF. Editora Teosófica. 2008.

– *SARASVATI, Paramahan*sa *Satyananda*. ***Yogasanas, Pranayama, Mudrá, Bahdha*.** Bogotá, Colombia, Escuela de *Yoga* de Bogotá. 1975.

– *SHARMA, Pandit Shiv*. ***Ioga* para a sua espinha.** São Paulo. Editora Cultrix. 1973.

– STOBBAERTS, Georges. **Iniciação ao *Hatha Yoga*.** Lisboa-Porto, Centro do Livro Brasileiro Ltda. s/d.

– *SIVANANDA, Sri Swami*. ***Hatha Yoga*.** Buenos Aires, Kier. 1996.

____. ***Yoga*, a libertação do asmático.** Rio de Janeiro. Companhia Editora Americana. 1974.

– SOUTO, Alicia. **A essência do *Hatha Yoga***. São Paulo. Phorte Editora. 2009.

– STEIN, Iris & GRIEGO, Fernando Estévez. ***Dwiasana Yoga – Yoga* em pareja**. Concordia – Argentina, Casa Fornés S.R.L. 1994.

– TAMARI, Prof. ***Yoga* Clássico e Tradicional.** São Paulo. Pancast Editorial. 1998.

– TINOCO, Carlos Alberto. ***Gheranda Samhitá.*** Limeira-SP. Conhecimento Editorial Ltda. 2007.

_____. ***Síva Samhitâ***. São Paulo. Madras Editora. 2009

– TONDRIAL J. & DEVONDEL, E.J. **Guia do *Yoga***. Lisboa. Moraes Editores. 1972.

– *YESUDIAN, Salvarajan &* HAICH, Elisabeth. ***Ioga* e Saúde.** São Paulo. Editora Cultrix Ltda. 1992.

– *VASU, Rai Bahadur Chandra.* **The *Siva Samhita*.** Delhi, *Sri Satguru* Publications. 1984.

– *YOGENDRA, Svatmarama. (*KUPFER, Pedro-Trad.). ***Hatha Yoga Pradipiká***. Florianópolis. Instituto *Dharma Yogashala.* 2002.

No quadro a seguir, os principais textos primários do *Hatha Yoga:*

TÍTULO	TRADUÇÃO	DATA (SÉCULO)	AUTOR	COMPOSIÇÃO
1- *HATHA YOGA PRADIPIKA*	LUZ SOBRE *HATHA YOGA*	XIV d.C. (meados)	*Svatsmarama* *Yoguendra*	4 Capítulos, 389 Versos
2- *GUERANDA SAMHITA*	COLETÂNEA DE *GHERANDA*	XVII d.C. (fins)	(?)	7 Capítulos, 317 Versos
3- *SHIVA SAMHITA*	COLETÂNEA DE *SHIVA*	XVII ou XVIII d.C.	(?)	5 Capítulos, 645 Versos
4- *HATHA -RATNA -AVALI*	FEIRA DE PÉROLAS SOBRE O *HATHA YOGA*	XVII (meados)	*Shrinivasa Bhatta*	397 Versos
5- *SIDDHA- SIDDHANTA- -PADATI*	RASTROS DA DOUTRINA DOS ADEPTOS	(?)	*Goraksha* (?)	353 Versos
6- *YOGA KAR- MIKA*	BRINCO DO *YOGA*	XVIII d.C.	*Aghoranan- da*	15 Capítulos, 1200 Versos
7- *YOGA MARTANDA*	SOL DO *YOGA*	(?)	(?)	176 Versos
8- *HATHA- -SANKETA -CANDRIKA*	RAIO DA LUA SOBRE AS CON- VENÇÕES DO HATHA YOGA	1675- 1775 d.C.	*Sundara- deva*	(?)
9- YOGA *SASTRA*	- MANUAL DE *YOGA*	(?)	*Dattatreya*	334 linhas
10- *YOGA-YAJ- NAVALKYA*	O *YOGA* DE *YAJ- NAVALKYA*	200 a 400 d.C.	*Yajnavalkya*	12 Capítulos, 485 Versos
11- *ANANDA SAMUCCAYA*	MASSA DE BEA- TITUDE	XII d.C.	*Goraksha* (?)	8 Capítulos, 277 Versos

12- *GORAKSHA--BODH*	INSTRUÇÕES DE *GORAKSHA*	XIV d.C. (aproxi-mado)	(?)	133 Versos
13 -*CARPATA--SHATAKA*	CENTÚRIA DE VERSÍCULOS	(?)	*Carpata*	100 Versos
14 -*GORAKSHA--VACAMA-SAM-GRAHA*	COLETÂNEA DOS DITOS DE *GORAKSHA*	XVII d.C.	*Goraksha*	157 Versos
15- *YOGA BIJA*	SEMENTE DO *YOGA*	(?)	*Goraksha*	364 Versos
16- *GORAKSHA PADDHATI*	RASTROS DE *GORAKSHA*	XII ou XII d.C.	(?)	200 Versos
17- *AMANASKA YOGA*	*YOGA* TRANS-MENTAL	(?)	(?)	211 Versios
18- *YOGA VISHAYA*	OBJETO DO *YOGA*	Recente (?)	Matsyendra (?)	33 Versículos

NOTA: Faltam estudos mais minuciosos sobre os textos do *Hatha Yoga,* escritos em linguagem popular.

3. *Tantra Yoga*

Ramo do *Yoga* baseado na sexualidade humana. Muito rico em técnicas cuja sua origem teve início em meados do século IV d.C. A palavra *Tantr*a significa malha, rede, tecido, tecidura. Também pode significar "aquilo que difunde ou espalha o conhecimento ou o *jñana*".

No que diz respeito ao erotismo na Índia, pensamos quase de imediato no *tantrismo*. Mas o que é o *Tantra*? Responderemos do seguinte modo: o *Tantra* foi um movimento cultural, filosófico e religioso surgido na Índia por volta do século IV ou V d.C. Alcançou maior desenvolvimento por volta do século X d.C., com o trabalho de *Abhinava Gupta*, que também influenciou algumas escolas tradicionais do hinduísmo como o *Vedanta*. Poucas pessoas sabem que o *Tantra* influenciou também o hinduísmo com o seu ritual denominado *pûjâ*, que envolve desde estátuas de divindades até as suas adorações, usadas por *brâhmanes* em toda a Índia, como complemento aos rituais *védicos*. Para muitas pessoas da Índia não ocorre que estejam usando uma prática oriunda de círculos *tântricos*. Dentro dos meios hinduístas, o *Tantra* se transformou em uma linha espiritual de péssima fama em virtude das suas práticas sexuais, realizadas por alguns dos seus adeptos. Por esta razão, sua prática foi muito reprimida principalmente nos séculos XVII e XIX, quando a Inglaterra vitoriana e puritana dominou a Índia. Atualmente essa prática se faz presente na tradição *Shrî Vydia,* no sul da Índia e também no *budismo* tibetano, principalmente na linha *Vajrayana.* O *Tantra* tinha por objetivo, dentre outros, resgatar a mulher como a personificação do lado feminino do absoluto. Mas concepções e práticas do *tantrismo* também podem ser encontradas nas antigas tradições, como pensam alguns estudiosos do assunto.

O *tantrismo* não foi apenas uma ciência da Libertação Espiritual. De fato, ele foi uma atitude em relação à vida, um ponto de vista sobre as atividades culturais das pessoas da Índia através dos séculos. Foi muito além de uma mera religião, sendo ainda um aspecto prático para a vida dos seus praticantes, influenciando as artes, a agricultura, a metalurgia, os manuais de técnicas de trabalho, a psicologia, a fisiologia e a medicina da Índia.

Os *brâhmanes* sempre olharam com desprezo as tradições *tântricas* e seus adeptos, em virtude das suas práticas foram consideradas como estranhas à tradição do hinduísmo clássico. Entretanto, o hinduísmo sempre foi muito tolerante com as tradições diferentes das suas. Isso contribuiu para a difusão do *Tantra* na sociedade hindu. Além disso, os *gurus* do *Tantra* sempre tiveram a fama de serem magos poderosos e muitos os temiam. Naquela época, as pessoas temiam ser vítimas de maldições e de feitiços mágicos dos *gurus* do *Tantra.* Um dos principais desprezos que os *brâhmanes* tinham pelo *Tantra,* era o fato de aceitar

Arthur Avalon.

como adeptos membros de castas inferiores, como *shudras* e os intocáveis ou *dalits*.

O *Tantra* foi introduzido no Ocidente através dos livros de Sri John Woodroffe, conhecido pelo pseudônimo de Arthur Avalon.

Foi na sua tradução do *Mahânirvana Tantra* publicada na Inglaterra em 1913, que esse processo de divulgação teve início no Ocidente. A esta primeira publicação, seguiram-se os livros "*Shakti e Shakta*", "O Poder Serpentino" e outros. Woodroffe foi juiz da Suprema Corte de Calcutá. Para o constrangimento dos seus pares vestia-se com roupas indianas, sentando-se aos pés de eruditos hindus, para com eles aprender o *Tantra*. Deve ser destacado também a figura de *Swami Lakshmanjou*, um erudito *tântrico* da região da Cachemira, norte da Índia, já falecido (1907-1994). Ele foi um mestre da linha *Kauta Tantra* da Cachemira. Vários dos seus discípulos o consideravam uma encarnação de *Abhinava Gupta*.

O praticante do *tantrismo* é chamado *sâdhaka* se for do sexo masculino e *Sâdhikâ*, se for mulher. Também podem ser chamados de *tântrica* e *tantra yoguini*.

Swami Lakshman Jou.

Os estudiosos do pensamento da Índia sabem que o hinduísmo é e sempre foi machista, advogando sobre a necessidade do homem se retirar da vida social, para tratar do seu crescimento espiritual. Sobre o machismo vale citar um trecho do *Manarva Dharma Sastra*, conhecido por "Código de *Manú*":

> [147] A girl, a young womam, or even an old woman should not do anything independently, even in (her) house.
>
> [148] In childhood a woman should be under her father's control, in youth under her husband's, and when her husbad is dead, under her son's. She should not have independence
>
> (DONINGER; BRIAN, 1991)

A tradução deste trecho, terrível, é o seguinte:

> [147] Uma menina, uma mulher jovem, ou igualmente uma mulher velha, não poderia fazer nada, independentemente, em (sua) casa.
>
> [148] Na infância, uma mulher deveria estar sob o controle do seu pai, na juventude, sob o controle do seu marido e, quando este morre, ela deve ficar sob o controle dos seus filhos.

Sobre a questão da necessidade do homem se isolar, podem ser citados vários trechos de livros sagrados do hinduísmo. Mas serão citados apenas dois:

O *Yoga* deve ser praticado dentro de uma caverna, protegendo-se dos ventos fortes, ou em local puro, plano, sem seixos e fogo, sem perturbações de barulho, seco, não agressivo e prazeroso aos olhos" (TINOCO, 1996, p. 300).

Deve-se praticar *Hatha Yoga* em uma pequena e solitária hermida (*matha*), livre de pedras, água e fogo (excessiva exposição aos elementos naturais), em uma região onde impere a justiça, a paz e a prosperidade (KUPFER, 2002. P.19.

Como o hinduísmo considera o corpo humano? A resposta é: como algo desprezível, asqueroso, uma fonte de dissabores. Sobre isto, transcrevemos o texto abaixo:

Ó Venerável, o que há de bom no usufruto dos desejos neste corpo malcheiroso e sem substância, um mero conglomerado de ossos, pele, tendões, músculos, medula, carne, sêmen, muco, lágrimas, fezes, urina, gases, bílis e catarro? O que há de bom no usufruto dos desejos neste corpo, que é afligido por desejo, raiva, cobiça, medo, desalento, inveja, afastamento do desejável, união com o indesejável, fome, sede, senilidade, doença, pesar, morte e tudo mais? (*Maitrayani-Upanishad*, I,3)

Muitos outros trechos de obras hinduístas poderiam ter sido citados, mas ficaremos apenas com o que foi descrito acima.

E como o *Tantra* considerava o corpo humano? Para o *Tantra*, o corpo humano é uma fonte inesgotável de satisfação, um meio precioso para o progresso espiritual. Sobre este assunto, leia o texto abaixo (FEUERSTEIN, 1983, p.19):

> "Depois que se obtém um corpo humano, que é difícil de conseguir e que serve como uma escada para a libertação, quem é mais pecador do que aquele que não passou para o lado do Ser?
>
> Portanto, ao obter a melhor forma de vida possível, aquele que não sabe o que é o melhor para si, está simplesmente se matando.
>
> Como pode uma pessoa vir a conhecer o propósito da vida humana sem possuir um corpo humano? Por esta razão, tendo obtido a dádiva de um corpo humano, poderia realizar feitos meritórios.
>
> Qualquer um deveria proteger a si mesmo por si mesmo. O si mesmo (corpo) é o recipiente para tudo. Qualquer um deveria fazer um esforço para proteger a si mesmo. Caso contrário, a Verdade não pode ser alcançada.
>
> Aldeia, casa, terra, dinheiro, até mesmo um *Karma* auspicioso e não auspicioso podem ser obtidos por vezes sem conta, mas nunca um corpo humano sadio.
>
> As pessoas sempre fazem um esforço para proteger o corpo. Elas não desejam abandonar o corpo mesmo quando acometidas de lepra e outras doenças." (*Kulârnava-Tantra*, I.16-27)

Existem quatro linhas ou escola principais do *tantrismo*, que são:

Dakshina-acara

A linha da mão direta. Possui técnicas de elevação espiritual, baseadas no despertar dos *chakras*, no controle dos *Pranas* e das *Nadis*, dentre outras. A linha *dakshina-acara* trabalha com meditação, canto de *mantras* e o trabalho com os *chakras*, preponderantemente. Os principais *bija mantras* do *Tantra* são os seguintes: *aim, hrim, klim, krim, shririm, trim, hlim* e *strim.*

Vama-acara

A linha da mão esquerda. Possui técnicas de elevação espiritual baseadas na ascensão da *Kundalini*, energia psicoespiritual que reside no *Chakra Muladhara*. O objetivo desta linha é elevar a *Kundalini* até o *chakra sahasrara*, situado no topo do crânio. Isto representa a união *Shiva-Shakti.*

Kaula-acara

Linha que é uma síntese das escolas *tântricas dakshina-acara* e *vama-acara*. É considerada a linha que possui as mais elevadas formas de práticas espirituais. Esse ramo do *Tantra* surgiu por volta do século V d.C., se destacando mais ainda quatro ou cinco séculos mais à frente. Com o tempo gerou grande número de iniciados e vários textos, entre os quais se destaca o *Tantra Aloka,* de *Abhinava Gupta.*

Siddhanta-acara

Linha que é considerada a mais alta forma de *vama-acara*, enfatizando uma espécie de "adoração interna".

Na linha *vama-acara* há um ritual denominado *chakra-puja*. Trata-se de formar um círculo de casais despidos, estando o orientador ou *guru*, também denominado por "senhor da roda" (*chakra-Ishvara*) colocado no centro desse círculo, com uma mulher jovem tendo por volta dos 16 anos de idade. Essa jovem é denominada *Shakti*, *yogini* ou *nayika*. O mestre inicia o ritual com a jovem sendo seguida pelos demais casais. O trabalho consiste em manter relações sexuais, sem que ocorra ejaculação.

Segundo o *tantrismo,* nosso plano físico recebe muitas influências de forças que estão nos planos sutis inferiores. Mas enquanto não temos consciência de tais forças, todos estão sob as suas influencias. Para se proteger dessas forças deve-se realizar rituais, realizar orações e súplicas, desenhar *mandalas* e procurar a amizade dos seres que habitam os planos sutis e elevados. Com a ajuda desses seres, podemos nos defender da ação de forças malignas que estão nos planos inferiores.

Para nós ocidentais, o *chakra-puja* é um ritual exótico, um bacanal. Acontece que nós ocidentais, temos a nossa sexualidade muito mal resolvida. Para os *tântricos* da linha *vama-acara* a sexualidade é algo sagrado. *Chakra-puja* é uma expressão que pode ser traduzida por "roda da adoração".

No Gênese, primeiro Livro da Bíblia, há uma descrição do mito da queda do homem, onde a serpente dá à Eva, a maçã. Transcrevemos a seguir um trecho importante sobre a maldição que Deus lançou sobre a mulher, após ter comido a maçã:

> E à mulher disse: multiplicarei sobremodo os sofrimentos
> da tua gravidez; em meio de dores darás à luz filhos; o teu

desejo será para o teu marido, e ele te governará" (Gênese, 3;16)

Todos sabem que ao comer a maçã (praticado ato sexual com Adão), Eva introduziu o pecado no mundo. E por isso pagou duramente, como foi descrito no Gênese. O trecho acima é machista e inferioriza a mulher. O texto do Gênese penetrou no Ocidente através do cristianismo. Este trecho que passou a fazer parte integrante do cânone da Igreja Católica, "pecamizou" o sexo, o que não aconteceu com os seguidores do *Tantra*.

A linha *vama-acara* e algumas outras escolas do *kaula-acara* contém o ritual do chamado *panca-ma-karas* ou ritual dos "cinco Ms". Os participantes desse ritual ingerem e/ou comem: *madya* ou *madirá* (vinho ou licor); *matsya* (peixe); *mamsa* (carne); *mudrá* (cereal tostado); *maithuna* (relações sexuais). Esses elementos também são chamados de "os cinco princípios" (*panca-tattva*). *Maithuna* é uma palavra que pode ser traduzida por "abraçado" ou "enroscado".

É importante assinalar que o *Maithuna* deve ser concluído sem a emissão seminal. (*Bodhicitam notsrjet*), ou seja, "não deve ser emitido o sêmen", dizem os textos *tântricos.* Caso ejacule, o *Yogue* será arrebatado pelas leis da morte e do tempo, como qualquer pessoa libertina comum.

Sobre a não emissão do fluido seminal durante uma relação sexual, assim diz o **S'iva Samhitâ** (TINOCO, 2009, p.88):

> IV.95: *Sahajoli* e *amaroli* são duas formas de *vajroli.* Por meio delas,o fluido seminal pode ser conservado.

....

IV.97:Quando o *Yoguin* é capaz de deter a descarga do seu fluido seminal por meio de *Yoni Mudrâ,* isto é chamado *sahajoli.* É um segredo preservado por todos os *tantras.*

Para que se tenha uma noção do alto valor dado à mulher pelo *Tantra,* transcrevemos abaixo um trecho de um importante texto tântrico:

A mulher é a criadora do universo.

O universo é a sua forma.

A mulher é o fundamento do mundo,
ela é a verdadeira forma do corpo.

Qualquer forma que ela assuma,
é a forma superior.

Na mulher está a forma de todas as coisas,
e de tudo que se move sobre o mundo.

Não há joia tão rara quanto uma mulher,
nem há condição superior àquela de uma mulher.

Não há, não houve nem haverá
nenhum destino igual àquele de uma mulher;
não há reino, nem riqueza,
que se compare a uma mulher;
não há, não houve nem haverá
nenhum lugar sagrado que se compare a uma mulher.

Não há prece igual a uma mulher.

Não há, não houve nem haverá

nenhum Yoga comparável à uma mulher,

nenhuma fórmula mística nem ascetismo

que se compare a uma mulher.

Não há, não houve nem haverá

riqueza mais valiosa que uma mulher".

(*Shaktisangama Tantra*)

Segundo Mircea Eliade (ELIADE, p.13. 2002):

Toda mulher desnuda encarna a Natureza, a *Prakritî*. Portanto deveria ser olhada com a mesma admiração e o mesmo desapego que ao considerar o segredo insondável da Natureza, sua capacidade ilimitada de criação. A nudez ritual da *Yoguini* tem um valor místico intrínseco: se ante a mulher desnuda não se descobre em seu ser mais profundo a mesma emoção terrorífica que se sente ante a revelação do mistério cósmico, é que não há rito, se não um ato profano, com todas as consequências conhecidas. A segunda etapa consiste na transformação da mulher- -*Prakritî* em encarnação da *Shakti*: a companheira do rito se converte em uma deusa, da mesma maneira que o *Yogue* deve encarnar o deus.

A seguir um trecho sobre a iniciação *tântrica* na linha *vama- -acara* de *Brajamadhava Bhattachary* (**BHATTACHARY, Brajamadhavara. The world of *Tantra*.** New Delhi. Mushiram Mandalal Publishers Pvt Ltda, p.42-3 e 448. 1988.

Brajadhava Bhattacharya, no seu livro autobiográfico "O Mundo do *Tantra*", descreve como, quando rapaz, foi iniciado nos segredos sexuais através de uma mulher, a misteriosa "Dama de Açafrão". Juntos, eles foram para um templo abandonado onde a *bhairavi* (mestre feminino do tantrismo) acendeu um fogo, jogou incenso nele e depois caiu em profunda meditação. Sentado junto a ela, ele também fechou os olhos e divagou. De repente, sentiu-lhe o toque gentil e, quando olhou para ela, descobriu para seu inteiro assombro que ela estava agora completamente nua, deitada de bruços com as pernas na postura de lótus. Pétalas de flor se espalhavam ao redor da sua genitália, e a *bhairavi* tinha os pelos pubianos e outras partes do corpo besuntados com cinzas e borrifos de cor vermelha e preta. Os órgãos genitais (*yoni* ou "útero") são o ponto de poder mais sagrado do corpo de uma mulher e devem ser devidamente reverenciados. A *bhairavi* na história autobiográfica de *Bhattacharya* parecia estar transfigurada e pediu que ele se sentasse no seu colo, como fizera muitas vezes antes, embora nunca sem que ela estivesse usando uma peça de roupa. Ele ficou apatetado, mas obedeceu. 'Montei no corpo sagrado e sentei-me no espaço escuro deixado pelas dobras de suas pernas. Logo no primeiro contato, percebi que sua pele estava em fogo. O calor era insuportável. Mas eu sabia que não me cabia questionar. Assumi a costumeira postura de lótus (......) Os minutos se passaram, talvez horas. Quem se importava? Uma corrente de prazer percorreu os 84.000 *nadis* dos quais ela sempre falara. Experimentei na base da espinha uma sensação meio comichante, meio cantante que a percorreu em toda a sua extensão. Fechei os olhos'.

A *bharavi* disse-lhe que ele era a chama viva, o sol, *Brahman*, ao passo que ela era um cadáver, atado ao tempo, ao céu e ao lótus. A seguir ela pediu-lhe para recitar versos em sânscrito, e logo ele perdeu toda a noção da presença dela e até mesmo do seu próprio ser. Alguma coisa estava acontecendo com o montículo em volta do meu pênis. Uma vibração, arrebatadora, um latejar quente e profundo martelado a cada pulsação. 'Quanto mais aquilo vinha em ondas, mais eu projetava a base da espinha (......) uma estranha sensação de inteireza, realização e êxtase estabeleceu-se em meus nervos'. Quando finalmente recobrou os sentidos, ele sentiu-se exausto. Mas mesmo assim perguntou quando poderia visitar de novo o templo em ruínas. Ela garantiu-lhe que iriam se encontrar novamente muitas outras vezes, explicando: 'um tapete também anseia para que alguém sente nele'. Muitos anos depois, pouco antes da sua morte, ela explicou-lhe: 'de todas as emoções sofridas pelo homem (.....) o sexo e as emoções orientadas para o sexo exigem o mais vital sacrifício. É a mais exigente e a mais ousada das emoções; é também a mais autocentrada, perto da fome. Ela adora o ego acima de tudo, e odeia partilhar sua alegria e consumação. Ela é desejada ao máximo, é lamentada ao máximo. Ela é criativa; ela é destrutiva. Ela é alegria; é tristeza. Reverencie o sexo o *hladini* (o poder do êxtase)'. Ao longo dos anos, *Bhattacharya* aprendeu com esta mulher iniciada as várias consagrações e outros rituais envolvidos na adoração *tântrica*. (*BHATTACHARYA*, 1988, p.42-3 e 448).

Segundo os hinduístas, o *Tantra* representa a doutrina ideal para a *Kali Yuga,* a nossa era atual. Os *Védas* e a tradição *brahmânica* são inadequados para a era em que vivemos.

A literatura do *Tantra* é vastíssima. Os seus textos se classificam nos seguintes grupos:

Textos *shivaístas* conhecidos por "coletâneas";

Textos *vishnuístas* conhecidos por ágamas ou "tradições";

Textos *tânticos* que podem ser denominados *Tantra,* propriamente ditos.

Dentre os inumeráveis textos tântricos, podemos citar os seguintes:

Kularnava Tantra

Shaktisangama Tantra

Ghadarva Tantra

Vishvasara Tantra

Mahanirvana Tantra

Yoni Tantra

Tantra Asana

Brhadyoni Tantra

Sarada Tilanka Tantra

Guhiasamaja Tantra

Os textos *tântricos,* de uma maneira geral estão de acordo com a cosmogonia que se encontra nos *Purana.* De acordo com essa tradição, o nosso planeta Terra é o centro de um enorme universo conhecido por "Ovo de *Brahmâ*" ou *Brahmaranda*. Essa tradição se refere a muitos universos que flutuam no oceano do cosmo infinito. O planeta Terra é o mais grosseiro aspecto do universo. O monte *Meru* é descrito como tendo uma altura de um milhão de quilômetros e feito de ouro. O continente mais profundo é a Ilha *Jambû*, encontrada no topo do Monte *Meru*. Abaixo do plano da terra, se encontram sete outros planos, cada um deles habitado por outras espécies de seres vivos. O plano mais elevado é o *Satya Loka*, abaixo do qual se encontram *Bhurvah Loka*, *Svar Loka*, *Mahar Loka*, *Jana Loka* e *Tapo Loka*. Além do *Brahmaranda* se encontra o plano do Ser Supremo, concebido no *Tantra* como *Shiva-Shakti*. Todos os planos, sejam elevados ou inferiores são descritos como camadas de uma cebola.

Uma das principais divindades femininas do *Tantra* é *Kali*, a deusa negra, que possui algumas manifestações, como *Durgâ*, *Mahahakala* como veremos posteriormente. Uma das funções dessa deusa negra é absorver, destruir e devorar o universo, uma das suas mais aterradoras funções. É ela que leva a morte não apenas para os indivíduos, mas também para todo o universo. No *Mahanirvana Tantra*, IV, 29-31, a deusa *Kali* é assimilada à uma grande *Yoguini* e no final dos ciclos cósmicos, ela devora *Shiva*, que é o devorador do tempo na sua forma de *Mahâkâla*.

É importante destacar a seita dos *Aghorî*, uma linha do *tantrismo* da mão esquerda conhecidos por frequentar cemitérios e meditar sobre cadáveres. Lá, roubavam crânios e alguns chegavam a comer a carne em decomposição dos mortos. Como todo *guru tântrico*, o *Aghorî* leva vida na qual praticava uma inversão completa de valores. São celibatários, levando uma vida de renúncia aos bens materiais. Um dos mais importantes ramos dos *Aghorîs* são os *Kapâlikas*, que também andavam em cemitérios e eram praticantes de orgias. Usavam crânios humanos para lhes servir de prato onde comiam.

É possível que os primeiros *gurus* do *tantrismo* fossem mulheres, destacando-se aquelas que trabalhavam como lavadeiras de roupas. Isso é o que foi mencionado acima, na iniciação de *Bhattacharya.*

O que proporcionava o ingresso de uma pessoa no *Tantra* era a iniciação. Não só no *Tantra*, mas também em outras linhas do *Yoga.* Em sânscrito, iniciação é chamada *dîkshâ.* Em virtude da força e do poder da iniciação, o *Tantra* recomenda aos que procuram se elevar espiritualmente nessa linha encontrar um *guru* qualificado que possa iniciá-lo. Sobre a importância do *guru* na vida do discípulo, assim diz o **S'iva Samhitâ** (TINOCO, 2009, p. 53).

> III.13: Não há dúvida de que o *guru* é pai, é mãe e é Deus, igualmente. E, como tal, ele deve ser servido por todos com pensamentos e atos. III.14: Pela graça do *guru,* o discípulo pode obter todas as coisas benéficas. O *guru,* por com seguinte, deve ser obedecido, de outro modo, nada seria benéfico.

O *Tantra* reconhece seis tipos de mestres espirituais, que são: *preraka, sukaka, vacaka, dashaka, shikshaka* e *bodhaka.*

Para o *Tantra,* os deuses e deusas existem e são seres espirituais com poderes essenciais e que podem ser invocados em rituais, orações e a recitação de *mantras*. Mas apesar das suas grandes elevações espirituais, são seres sujeitos à roda do *Samsara*, o que não ocorre com os mestres espirituais elevados. A palavra *Samsara* é de origem sânscrita e designa a "roda" interminável de mortes, renascimentos e mortes sucessivas, num processo contínuo, em virtude do *Karma* das pessoas. Apenas vivendo em corpos humano, eles podem alcançar a Libertação Espiritual. O *tantrismo* possui grande número de deuses e alguns deles podem ser encontrados também no *budismo Vajrayano*.

O ritual de iniciação e os seus segredos devem ser mantidos em sigilo absoluto pelos iniciados. Alguns textos *tântricos* explicam sobre as duras consequências para aqueles que revelam para leigos os segredos da sua iniciação.

No *Tantra, Shiva* representa a consciência pura, o princípio passivo e masculino do Absoluto. *Shakti*, por sua vez representa o aspecto feminino do Absoluto, o lado dinâmico da Realidade Suprema, o princípio da criatividade, sendo ao lado de *Shiva*, cocriadora do universo e da vida. Considerada separadamente, *Shakti* deve ser compreendida como um aspecto da bem aventurança do Absoluto. Um dos objetivos do *Tantra* é realizar a união *Shiva-Shakti. Shakti* é a representação da energia *Kundalinî* que reside no *chakra Muladhara. Shiva* é o *Chakra Sahasrara*. Portanto a união *Shiva-Shakti* ocorre quando a *Kundalinî* se ergue, caminhando pela *nadi Sushumna* até alcançar o *Sahasrara* situado no topo do crânio.

Uma outra representação dessa união *Shiva-Shakti*, é o *Lingan* com a *Yoni*.

O *Tantra Yoga* também trabalha com o *Chakras*, sobretudo os principais, localizados paralelamente ao eixo da coluna vertebral.

Na imagem acima, podemos ver *a Yoni,* em torno do *Lingan.* (foto do autor).

A seguir, os sete *Chakras* principais:

Fonte: GAERTNER, Gilberto. **Chakras**. Curitiba: Apostila do autor, s/d.

1º CHACKRA - CENTRO BASAL
VONTADE DE SER (MULADHARA)

Centro psíquico para a evolução da autonomia, identidade e sobrevivência. Relacionado a quantidade de energia e vontade de viver na realidade física, potência e "presença" físicas.

Localização: no períneo.

Elemento: terra.

Qualidades: solidez, permanência, segurança e satisfação.

Princípio básico: constituição física do ser.

Aspectos internos: senso de realidade e estabilidade.

Correlações físicas: anus, reto, intestinos e tudo que é duro: coluna, sacro, ossos e dentes.

Glândula: suprarrenais.

Hormônios: adrenalina e noradrenalina.

Plexo nervoso: coccígeo.

Sistema fisiológico: reprodutivo.

Sentido: olfato.

Cor: vermelho-fogo.

Mantra: LAM.

Animal: elefante.

Hiperatividade: interesse excessivo por bens materiais e segurança, avidez por satisfações pessoais, tendência a se proteger e se isolar, apego e retenção, reações agressivas, impaciência, competitividade e egocentrismo.

Hipoatividade: debilidade física e psíquica, timidez, sentimento de inferioridade, medo, remorso, falta de estabilidade e de força de vontade, crise de identidade, "não tem os pés no chão".

Distúrbios físicos: anemia, deficiência circulatória, hipotensão, deficiência das supra renais, prisão de ventre, hemorroidas, ciática.

2º CHACKRA - CENTRO SACRO
VONTADE DE TER (SVADHISTHANA)

Centro psíquico para a evolução do desejo pessoal e de força emotiva. Relacionado a expressão das emoções sensuais e da sexualidade, a intensidade e qualidade de amor ao sexo oposto.

Localização: acima do púbis.

Elemento: água.

Qualidades: fluidez, maturidade e suavidade.

Princípio básico: reprodução criativa do ser.

Aspectos internos: emoção e sexualidade.

Correlações físicas: órgãos reprodutores, rins, bexiga, quadris e tudo que é líquido: sêmen, urina e sangue.

Glândula: gônadas (testículos e ovários).

Hormônios: estrogênio e testosterona.

Plexo nervoso: sacro.

Sistema fisiológico: geniturinário.

Sentido: paladar.

Cor: escarlate.

Vogal: o (fechado)

Mantra: VAM

Animal: crocodilo

Hiperatividade: hipersexualidade, fantasias sexuais exageradas, perversão sexual e sexualidade grosseira.

Hipoatividade: desinteresse sexual, sexualidade reprimida, frieza sexual, impotência e não se acha atraente.

Distúrbios físicos: problemas genito-urinário, tumores na bexiga e nos genitais, prostatite.

3º CHACKRA - CENTRO SOLAR
VONTADE DE SABER (MANIPURA)

Centro psíquico para a evolução do poder pessoal, do ego, da personalidade. Relacionado com a identificação social, com a afinidade com os outros e com as do mundo.

Localização: no plexo solar.

Elemento: fogo.

Qualidades: calor, combustão, assimilação e purificação.

Princípio básico: afirmação do ser.

Aspectos internos: poder pessoal.

Correlações físicas: estômago, baço, fígado, vesícula biliar, cavidade abdominal e diafragma.

Glândula: pâncreas.

Hormônios: insulina e bílis.

Plexo nervoso: solar.

Sistema fisiológico: digestivo.

Sentido: visão.

Cor: nuvens carregadas de chuva.

Vogal: o (aberto).

Mantra: RAM.

Animal: carneiro.

Hiperatividade: dominação e controle, agitação mental e insatisfação, preocupações e obsessões, rigidez mental, busca de sucesso e reconhecimento, preconceitos, descontrole emocional, irritabilidade e tirania.

Hipoatividade: ineficácia, dúvidas, culpa, vê dificuldades em tudo, abatimento, rejeição dos sonhos e emoções vitais, dependência, medo de desafios e de novos desafios, dificuldades intelectuais.

Distúrbios físicos: problemas digestivos, úlceras digestivas, hepatites, diabetes, hipoglicemia e cálculos biliares.

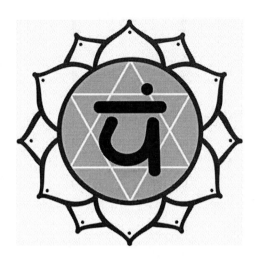

4º CHACKRA - CENTRO CARDÍACO
VONTADE DE AMAR (ANAHATA)

Centro psíquico para a evolução do amor universal (compaixão)
Relacionado a capacidade de amar a si mesmo, aos outros
e ao mundo.

Localização: no esterno, ao nível do coração.

Elemento: ar.

Qualidades: vivacidade, mobilidade, gentileza e leveza.

Princípio básico: abnegação do ser.

Aspectos internos: amor.

Correlações físicas: Coração, pulmões (área inferior), seios, pele, sistema circulatório e imunológico (timo).

Glândula: timo.

Hormônios: timosina.

Plexo nervoso: cardíaco.

Sistema fisiológico: circulatório.

Sentido: tato.

Cor: carmesim brilhante.

Vogal: a.

Mantra: YAM.

Animal: antílope.

Hiperatividade: amor em troca de reconhecimento, concede amor, mas não aceita, excesso de simpatia, extrema sensibilidade emocional, euforias, oscilações emocionais intensas e pânico.

Hipoatividade: vulnerável e dependente de afeto, muito ferido quando rejeitado, afeição impessoal (para não se envolver), frieza e indiferença, tristeza e depressão.

Distúrbios físicos: problemas cardiovasculares e respiratórios, palpitações, arritmia, rubor, hiperventilação, deficiência imunológica, doenças autoimunes e câncer.

5º CHACKRA - CENTRO DA GARGANTA
VONTADE DE CRIAR (VISHUDDHA)

Centro psíquico do foco criativo transpessoal. Relacionado a capacidade de expressão humana, a comunicação e a inspiração.

Localização: no centro da garganta.

Elemento: éter.

Qualidades: puro espaço.

Princípio básico: ressonância do ser.

Aspectos internos: comunicação e vontade.

Correlações físicas: garganta, nuca, cordas vocais, traqueia, boca, laringe, pulmões (área superior) e brônquio.

Glândulas: tireoide e paratireoide.

Hormônios: tiroxina.

Plexo nervoso: faríngeo.

Sistema fisiológico: respiratório.

Sentido: audição.

Cor: rosa fosco.

Vogal: e.

Mantra: HAM.

Animal: elefante.

Hiperatividade: bloqueio entre a cabeça e o corpo, cisão entre pensamento e emoções, verborragia, linguagem rude ou objetiva e fria, gagueira, voz alta e sem conteúdo, mau uso do potencial criativo.

Hipoatividade: dificuldade de se expressar, nó na garganta, voz oprimida, gagueira, bloqueio criativo, auto reprovação, falta de fé, muito influenciável pela opinião alheia, frustração, medo do fracasso e do sucesso.

Distúrbios físicos: hipo ou hipertireoidismo, laringite, resfriados, gripes, herpes labial e distúrbios da voz.

6° CHACKRA - CENTRO FRONTAL
VONTADE DE LIDERAR (AJNA)

Centro psíquico para a evolução do desejo de liderar. Relacionado a capacidade de visão clara além das aparências (clarividência) e percepção profunda.

Localização: entre as sobrancelhas.

Elemento:

Qualidade: comando.

Principio básico: autoconhecimento.

Aspectos internos : intuição e visão interior.

Correlações físicas: olhos, ouvidos, nariz, seios faciais, cerebelo e medula espinal.

Glândula: hipófise (quando o 7º chackra se abre, polariza-se com a pineal).

Hormônios: pituitrina.

Plexo nervoso: carotídeo e hipotálamo.

Sistema fisiológico: neurovegetativo.

Sentido: todos, incluindo os parapsíquicos.

Cor: branco brilhante como a lua.

Vogal: j.

Mantra: OM.

Hiperatividade: rigidez mental, intelecto muito desenvolvido sem percepção espiritual, arrogância intelectual, racionalismo, manipulação mental, ideias fortes, mas negativas, materialismo e alienação.

Hipoatividade: ideias criativas obstruídas, boas ideias que não funcionam, crença exclusiva no visível, incapacidade de analises mentais, rejeição de verdades espirituais; esquecimentos, pensamentos obscuros e emaranhados e comportamento regido por padrões emocionais.

Distúrbios físicos: sinusites, catarata, distúrbios dos órgãos dos sentidos e grandes desequilíbrios endócrinos.

7° CHACKRA - CENTRO CORONÁRIO
VONTADE DE SERVIR (SAHASRARA)

Centro psíquico para a unificação transcendente. Relacionado a conexão com a espiritualidade e integração de todo o ser.

Localização: no topo da cabeça.

Elemento:

Qualidades: experiência subjetiva da totalidade.

Principio básico: o ser puro.

Aspectos internos: busca espiritual.

Correlações físicas: cérebro, córtex cerebral, hemisférios cerebrais.

Glândula: pineal.

Hormônio: serotonina.

Plexo nervoso: córtex cerebral.

Sistema fisiológico: sistema nervoso central.

Sentido:

Cor: brilhante e mais branco que a lua cheia.

Vogal: m.

Mantra:

Hiperatividade: disfunções cerebrais, psicoses, aberrações psicomentais, demência, depressão mórbida, medo de insanidade, possessões e surtos.

Hipoatividade: sentimentos de insegurança e desorientação, sensação de falta de sentido na própria vida e medo da morte (especialmente nas fases dominantes).

Distúrbios físicos: pressão na cabeça, derrame cerebral e tumor no cérebro.

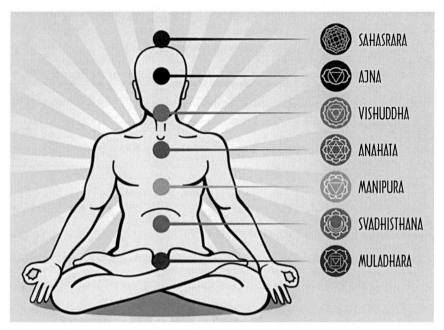

Na ilustração acima, um *Yogue* em postura meditativa, onde se pode ver os sete *Chakras* e as *Nâdis Idâ*, *Pingalâ* e a *Sushumna* no centro.

Existe uma Anatomia Esotérica do ser humano que diz respeito ao corpo sutil ou corpo espiritual, que inclui os *Pranas* e outros elementos. Os *Chakras* foram vistos acima.

A seguir, o restante dessa Anatomia Esotérica referida.

A ciência ainda nada tem a dizer sobre o chamado "corpo astral" ou "corpo etérico" dos ocultistas. Partindo da premissa de que o mundo real é aquele acessível aos nossos sentidos e instrumentos de observação, nada se pode dizer sobre tal assunto. Ainda é um mistério a questão da existência de realidades extrafísicas.

Talvez, as realidades sutis venham a ser uma questão de dimensões do espaço. Dessa forma, uma realidade com cinco ou mais dimensões possa ser a resposta para a existência de planos extracorpóreos e invisíveis.

Por outro lado, devemos imaginar que o universo possua uma dimensão "interior" e os objetos que percebemos são dotados de certa "profundidade invisível". Essa profundidade vai sendo revelada progressivamente aos *Yogues* através da prática das técnicas do *Yoga*, por meio do esforço de interiorização da consciência.

Essa dimensão extrafísica também diz respeito ao corpo e à mente do ser humano, onde as "dimensões profundas" do corpo do homem estão ligadas às "dimensões profundas" do mundo externo. Sobre isso, vale lembrar que as tradições iniciáticas ou esotéricas afirmam a existência de uma correlação entre o mundo interior e a realidade física, externa. Quando tratou daquilo que chamou de "natureza psicoide", Jung se referiu aos arquétipos do inconsciente coletivo situando-os numa zona obscura situada entre a consciência e a matéria, entre os mundos interno e externo (JUNG, Carl Gustav (1991) **A Dinâmica do Inconsciente**. Petrópolis, Ed. Vozes)

Para compreender as *Upanishads* e principalmente as *Upanishads* do *Yoga*, o leitor necessita antes perceber com clareza a anatomia esotérica do ser humano. Por isso, abordaremos tal assunto nesta parte do livro, de forma resumida. Em seguida, vamos resumir essa anatomia invisível.

Segundo a *Taittirryia Upanishad*, na Parte II, Capítulos 1 a 5 (2), o ser humano possui cinco corpos, que são: (TINOCO, 1996):

Annamaya Kosha = corpo feito de comida

Pranamâyâ Kosha = corpo feito de *Prana*

Manomaya Kosha = corpo mental

Vijnanamaya Kosha = corpo do intelecto

Anandamaya Kosha = corpo de bem-aventurança

Segundo a *Taittirryia*, todos esses corpos são duplicatas do "corpo feito de comida" e interpenetram-se mutuamente. Essa doutrina é aceita, em geral pelas escolas *vedânticas* e por outras tradições não dualistas, como o *tantrismo*. A "anatomia" desses corpos foi objeto de intensa investigação por parte dos *yogues*, especialmente dos praticantes do *Hatha Yoga* e do *Tantra*.

Segundo a literatura *tântrica*, o "corpo de *Prana*" foi o mais estudado possuindo uma "anatomia oculta" bem conhecida. Há vários textos tântricos descrevendo a anatomia do *Pranamâyâ Kosha*. Essa anatomia é caracterizada pela presença dos seguintes elementos:

Pranas ou ares vitais

Chakras ou centros de força

Nadis ou circuitos (canais)

Granthis ou "nós"

Marmans ou focos de energia vital

A energia *Kundalinî*

Em seguida, comentários sobre cada um desses elementos.

Pranas

A forma de energia que constitui os *Chakras* e os "canais" do corpo sutil, ainda não é conhecida pela ciência. A literatura *védica* a denomina por *Prana*, que etimologicamente significa "vida" ou "força vital". As diversas tradições conhecem essa forma de energia e a denominam de modos diversos. Assim, os chineses chamam-na de *c'hi*, os japoneses de *ki*, os polinésios de *mana*, os ameríndios de *orenda*, o pesquisador alemão Reichenbach de *força ódica*. Modernamente, o combatido psicanalista Wilhelm Reich a denominou *orgônio*. Na década de 70, parapsicólogos russos criaram a noção de *bioplasma*.

Segundo a tradição *védica*, há dez tipos de *Pranas,* sendo cinco principais e cinco secundários. Estes, seriam:

1- Os principais:

- *Prana* propriamente dito
- *Apâna*
- *Vyâna*
- *Samâna*
- *Udâna*

2- Os secundários

- *Naga*
- *Kurma*
- *Krikara*
- *Devadata*
- *Dhananjaya*

Enquanto a ciência tenta encontrar uma pista que a conduza aos *Pranas*, lançando uma ponte entre a religião e a ciência, os *yogues* continuam explorando e desfrutando dessa energia vital como vem sendo feito há séculos.

A *Prasna Upanishad* (TINOCO, 1996. Ver a *Prasna Upanishad*, II, 3-7) comenta sobre a localização e função dos *Pranas*. A *Upanishads* do *Yoga, Amiritanada* (TINOCO, 2005, p.91), comenta sobre a cor e localização dos *Pranas*. Assim diz a *Amritabindu* sobre a denominação e cor dos *Pranas* principais:

- *Prana* = cor vermelho sangue, como o rubi.

- *Apâna* = cor amarela como a cólera de Indra.

- *Samâna* = cor branca resplandescente como o leite de vaca.

- *Udâna* = cor amarelão.

- *Vyãna* = cor do fogo.

Quanto à localização, os textos não são iguais. Há uma certa divergência sobre essa questão.

De um modo geral, pode-se dizer o seguinte sobre os ares vitais ou *Pranas* principais:

Prana: conduz a energia vital para dentro do corpo, principalmente através da inspiração. Está localizado no coração, na cabeça e na metade superior do corpo;

Apâna: conduz a força vital para fora do corpo, principalmente pela expiração. Está localizado no umbigo, região genital e abdômen;

Samâna: responde pela assimilação dos nutrientes orgânicos, localizando-se no aparelho digestivo;

Udâna: localiza-se principalmente na garganta. É responsável pelos atos de falar e arrotar;

Vyâna: através do trabalho dos pulmões e do coração, faz circular a força vital. Está localizado em todo o corpo.

Sobre os *Pranas* secundários:

Naga: responsável pelo vômito e pelo ato de arrotar;

Kurma: responsável pelo abrir e fechar das pálpebras;

Krikara: responde pelo ato de sentir fome;

Devadata: responde pelo bocejar e pelo desejo de dormir;

Dhananjaya: responde pelos processos de desintegração e decomposição dos organismos mortos.

Apesar de não haver uniformidade quanto às funções dos *Pranas*, sabe-se que os mais importantes são *Prana* e *Apana*.

NADIS ou CANAIS

Os diversos *Pranas* se movimentam dentro do *Pranamâya Kosha*, caminhando ao longo de vias chamadas *Nadis*, em sânscrito. Etimologicamente essa palavra significa "conduto". Entretanto, *Nadi* não deve ser compreendida como um "pequeno tubo

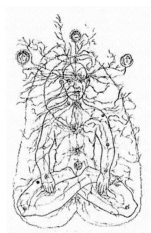

Nadis. Extraído de: KALYAMA, Acharya. (2003). **Yoga - Repensando a tradição**. São Paulo-SP: Ibrasa, p. 195 (*Acharya Kalyama* é o pseudônimo do autor).

oco" embora alguns textos do *Yoga* assim se refiram. Não deve também ser compreendida como veia ou nervo. A melhor expressão para designar *Nadi* seria "corrente de energia" que interpenetra o luminoso corpo sutil ou *Pranamâyâ Kosha*.

Para o olhar paranormal ou supra físico o corpo de *Prana* é luminoso, podendo ser dotado de focos brilhantes ou escuros. Estes últimos acusariam aspectos doentios do corpo sutil.

Os textos do *Yoga* se referem à existência de 72.000 *Nadis*, enquanto outros elevam essa quantia para 300 mil. O **S'iva Samhita** (TINOCO. 2009. p. 42), se refere à existência de 350.000 *nadis*: "No corpo do ser humano existem 350.000 canais (*Nadis*)". Esse número significa que as *Nadis* são incontáveis.

As *Nadis* mais citadas são:

Sushumna

Idâ

Pingala

Gandhari

Hastajihva

Kuhû

Sarasvati

Pusha

Sankhini

Payasvini

Varuni

Alambusha

Vishvodhara

Yasasvini

Taitilia

É na *Ksurikâ Upanishad* (TINOCO. 2005. p. 156, versos 17 e 19), onde há referência à *Nadi Taitilia*.

Segundo a tradição do *Yoga*, as *nadis* surgem do *Kanda*. Este último se localiza na interseção entre a *Nadi Sushumna* e o *Chakra Muladhâra*. Outros autores dizem que o *Kanda* se localiza aproximadamente 30 centímetros acima do ânus.

As principais *Nadis* são *Sushumna*, *Idâ* e *Pingala,* sendo a primeira o canal central que parte do *Chakra Muladhâra* situado no períneo e termina no topo do crânio. *Sushumna* é traduzida como "a graciosíssima".

Dentro da *Nadi Sushumna* há um outro canal chamado *Vajra* ("canal do raio") e que é reluzente como o sol. Dentro do *Vajra* há outro canal chamado *Chitra*. Segundo *Sivananda* (*SHIVANANDA*,1995), esta *Nadi* tem cor pálida. Diz ainda *Sivananda* no livro citado que dentro de *Chitra* há um canal axial muito fino que se conhece como *Brahmanadi*. É através dela que a energia *Kundalini* ascende, produzindo a "iluminação" da consciência. A extremidade inferior da *Brahmanadi* se chama *Brahmadvara*. A extremidade superior no topo do crânio se chama *Brahmarandhra*, que significa "Porta de *Brahmân*".

À esquerda da *Nadi Sushumna* se localizam, *Idâ* e à direita, *Pingala*. A primeira é clara e a segunda, avermelhada. Essas duas *Nadis* partem do *Chakra Muladhâra* e sobem enrodilhadas em torno de *Sushumna*.

Os pontos de encontro das *Nadis Idâ* e *Pingala* correspondem aos *Chakras* sobre os quais descreveremos posteriormente. *Idâ* e *Pingala* terminam no *Chakra* Âjña e *Sushumna* prossegue, terminando no topo do crânio.

Segundo o *Hatha Yoga*, *Idâ* e *Pingala* governam, no nível corporal, as reações dos sistemas nervosos simpático e parassimpático, respectivamente. Conscientes disso os *Yogues* podem fazer circular os ares vitais por uma ou por outra *Nadi*, para con-

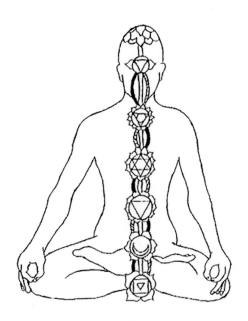

Chakras e *Nadis Idâ, Pingala* e *Sushumna* (Extraído de *KALYAMA, Acharya*. **Yoga - Repensando a tradição**. São Paulo, Ibrasa, 2003, p.190).

seguirem efeitos extraordinários tais como aumentar ou diminuir os batimentos cardíacos (ou até parar o coração), alterar o peristaltismo digestivo, etc. Esse controle pode ser de tal natureza que o *Yogue* treinado pode ficar dias inteiros trancafiado em locais hermeticamente fechados embaixo da terra, tendo seus sinais vitais monitorados por pesquisadores localizados na superfície, no nível do solo. Isso pode ser obtido através dos *Prânâyâmas* e outras técnicas do *Yoga*.

Certamente que o uso de *Prânâyâmas* pode levar aos resultados acima, mas o verdadeiro *Yogue* predende alcançar a Libertação Espiritual, atingir o estado de *Moksha* ou *Kaivalya* e não se tornar um faquir, capaz de demonstrações extraordinárias.

A literatura tântrica assinala outros *Chakras* além dos sete já mencionados. Dentre estes, podem ser destacados os seguintes:

Amrita

Ananda

Lalita

Balwana

Brahmadvara

Chandra

Dipaka

Karnamula

Gulhaha

Kuladipa

Kundali

Galabaddha

Kaladada

Kaladhvara

Karangaka

Kalabhedan

Lalana

Mohatsara

Manas

Talana

Mahapadma

Niradhara

Naukula

Prana

Soma

Triveni

Urdhvarandhra

Vajra

Segundo a tradição *tântrica* tibetana, existem sete *chakras* acima do *Sahasrara*, o que corresponderia à evolução dos seres divinos. Há também referências a sete *Chakras* localizados abaixo do *Muladhâra,* correspondentes aos estágios de evolução animal. Outros textos falam de *Chakras* localizados nas palmas das mãos, nas solas dos pés e em outros locais do corpo.

Como se pode verificar, a questão dos *Chakras* é complexa, desconhecida e a literatura pertinente ainda não foi devidamente estudada no Ocidente.

GRANTHIS e MARMANS

Os *Granthis* são mencionados na literatura do *Hatha Yoga* referidos como "nós". São constrições ou curvas na *Nadi Sushumna* que impedem o caminhar da força vital, ou seja, a subida da *Kundalini*. O primeiro *Granthi* se localiza na altura do umbigo e é denominado por *Brahmâ-Granthi*. Na garganta está o *Vishnu--Granthi* e o *Rudra-Granthi* está entre as sobrancelhas. Estes nós devem ser vencidos pela força da *Kundalinî*, sob pena desta ficar impedida de subir até o *Chakra Sahasrara*. Os textos falam de outros nós, como o do coração. Também especificam outras localizações para os *Granthis* citados.

Livros publicados posteriormente sobre *Hatha Yoga* falam de focos bioenergéticos de energia *prânica*, denominados *Marmans.* Seriam os pontos vulneráveis do corpo. Os *Marmans* se manifestam como bloqueios localizados e devem ser extintos por meio da concentração mental e da prática de *Pranayâmas.* A medicina *Ayurvédica* desenvolveu técnicas para que possa se pressionar com os dedos esses pontos, objetivando a cura de enfermidades a eles relacionadas.

KUNDALINÎ

A energia psicoespiritual mais importante do *Pranamâyâ Kosha* está localizada no *Chakra Muladhara* e é denominada *Kundalinî* ou *Kundalinî Shakti*. Etimologicamente, o termo *Kundalinî* significa "enroscada". Essa energia é representada como uma serpente adormecida com três voltas e meia, em torno de um *Linga*. Algumas das *Upanishads* falam de mais voltas.

Sob o ponto de vista metafísico, *Kundalinî* é uma manifestação microscópica do poder denominado *Shakti*, a energia primordial. Alguns pensam que *Shakti* é a manifestação feminina do Absoluto. Trata-se de um poder consciente e inteligente.

Deve-se aqui alertar para a falta de sentido em usar a expressão "energia", pois este termo tem uma conotação física. Foi aqui empregado por dificuldades semânticas. Não existe no nosso idioma nem em qualquer outro idioma ocidental, palavras cunhadas para designar essa forma de "poder espiritual". Daí *Kundalinî* ter sido aqui chamada de "energia" psicoespiritual.

Alguns textos *tântricos* dizem ser a experiência humana máxima a da elevação da *Kundalinî* através da *Nadi Sushumna*, fazendo-a chegar ao *Chakra Sahasrara*. Há um conjunto de técnicas esboçadas nas *Upanishads do Yoga* para provocar a ascensão da *Kundalinî*. Estas consistem em *Asanas*, *Prânâyãmas*, *Bandhas* e *Mudrâs*. Mediante a prática adequada de *Pranayâmas*, por exemplo, a energia vital é extraída do *Muladhara*, despertando a *Kundalinî* e fazendo-a penetrar na *nadi Sushumna*, migrando por esse canal.

Um exemplo moderno de experiência de *Kundalinî* ocorreu com o conhecido meditador *Gopi Krishna*, funcionário público do norte da Índia. Após meditar regularmente por 17 anos, *Gopi Krisha* teve uma experiência de ascensão da *Kundalinî*. O fenômeno com ele ocorrido foi de modo súbito e arrasador. A meta do *Hatha* e do *Tantra Yoga* é provocar esse fenômeno de modo controlado. Assim relata *Gopi Krishna* o que com ele ocorreu. (*KRISHNA*, 1988, p.2:

> Subitamente, com um fragor como de uma catarata, senti uma torrente de ouro líquido entrando em meu cérebro através da espinha dorsal. A iluminação foi crescendo; cada vez mais brilhante, o fragor cada vez mais alto... Eu me tornei um vasto círculo de percepção, no qual o corpo não passava de um ponto, banhado numa luz e num estado de exaltação e felicidade impossíveis de descrever.

Segundo os textos *tântricos*, quando a adormecida *Kundalinî* desperta, ela migra através da *Nadi Sushumna* até alcançar o *Chakra Sahasrara*, ocorrendo aquilo que é conhecido como a união de *Shiva* com *Shakti*, como já foi mensionado acima. O despertar da *Kundalinî* é acompanhado de fenômenos ou sensações físicas tais como calor corporal, visão de luzes, audição de sons, pressão na cabeça e até dor. É o que se poderá observar da leitura das *Upanishads* do *Yoga*.

Para *Gopi Krisnha*, que de certo modo democratizou o fenômeno da *Kundalinî*, residiria nessa forma de "energia" psicoespiritual a causa primordial da nossa evolução, da evolução da nossa consciência. *Gopi Krishna* tentou despertar a atenção do

Ocidente para a importância de se pesquisar cientificamente a questão da *Kundalinî*. Para tanto necessitamos de mais esforços no estudo dos textos *tântricos* e de mais riqueza conceitual. *Gopi Krishna* admitia que a *Kundalinî* é de natureza biológica, o que é bastante confuso para nós. Entretanto, o ponto de vista tântrico é que o imanente e o transcendente são aspectos de uma mesma realidade. O espiritual e o material são aspectos de um mundo unitário. Enquanto nós mesmos não alcançarmos a experiência da união de *Shiva* com *Shakti*, essência do *Tantra,* nada de concreto podemos dizer sobre *Kundalinî*.

Deve ser aqui assinalado que a *Kundalinî* pode ascender pelas *Nādis Idâ* ou *Pingala.* Quando isso ocorre, o praticante passa a ter crises psicóticas graves, após o primeiro momento. Foi isso o que ocorreu com *Gopi Krishna.*

Os materiais usados e os atos praticados no *Puja tântrico-* ritual *tântrico* – se chamam *Upachara.* Eles são dezesseis, no total como segue:

Asana ou assento da imagem.

Svagata, ato de desejar bem-vindo à *Devata.*

Padya, é a água para lavar os pés.

Arghya, ou oferenda é de dois tipos: *Samanya*, oferenda geral; *Vishesh*, que é a especial.

Achamana, é a água para beber e lavar os lábios.

Madhuparka, que é o mel, a manteiga clarificada, leite e yogurte.

Snana, é a água para o banho.

Vastra, é a roupa nova.

Abharana, são as jóias.

Gandha, é o perfume.

Pushpa, são as flores.

Dhupa, o incenso.

Dipa, é a luz.

Naivadya, é a comida e *Tambulam*, que são os grãos de betel.

Niranjana, é o ritual de adoração.

Vandana ou *Namak Kriya*, a prostração diante das deidades.

É importante citar alguns tipos de rituais tântricos, tais como os seguintes:

Bhuta Sudhi é um ritual que significa a purificação dos cinco elementos constitutivos do corpo. O *Sadhaka* dissolve o corpo pecaminoso e cria um novo corpo.

Nyasa, é um ritual muito importante no *tantrismo*. Consiste em colocar as pontas dos dedos da mão direita sobre diversas partes do corpo, acompanhadas de *mantras*.

Kavasha, onde se invoca o Absoluto *Brahmân* com nomes diferentes com o fim de que Ele proteja as distintas partes do corpo.

O *Mudrâ*, é o ritual dos gestos manuais. Segundo a tradição do *Tantra*, existem 108 mudrâs efetudados com gestos apropriados com as mãos.

O *tantrismo* também usa os *Yantras,* que são desenhos em-

Sri Yantra.

pregados para facilitar a concentração e a meditação dos praticantes. Um exemplo de *Yantra* é o *Sri Yantra,* mostrado na ilustração ao lado.

O praticante deve concentrar-se no centro na ilustração por vários minutos, até perceber o aumento da intensidade da sua concentração.

Ao praticar-se o *Tantra Yoga* por algum tempo, o adepto percebe o aparecimento de poderes paranormais conhecidos por *Sidhis*. Alguns textos do *Hatha Yoga* descrevem esse *Sidhis*. No *Shiva Samhitá*, por exemplo, há uma referência a esses poderes: (TINOCO. 2009, versos III,61-62, III,53 e III, 49-50).

Esses poderes paranormais ou *Sidhis*, são os seguintes:

Animân, o poder de tornar-se diminuto.

Mahimân, o poder de se expandir até a infinitude.

Laghimân, o poder de perder peso.

Garimân, o poder de aumentar o próprio peso.

Prâkâmya, o poder de controlar os sentidos.

Îshittva, o poder de adquirir autoridade.

Kâmâvasâya, o poder de ter o controle total dos sentidos.

Vashittva, o poder de ter fascinação hinótica.

Vâkya Sidhi, o poder da profecia.

Kâmachâri, o poder de se transportar por todos os lugares.

Duradristhi, o poder da clarividência.

Durashruti, o poder da clariaudiência.

Sukshmadristi, o poder de perceber os sinais sutis.

Parakâyapravesana, o poder de entrar em outros corpos.

O poder de transmutar metais em ouro ao friccioná-los com excremento.

O poder de tornar-se invisível.

O poder de mover-se em pleno ar (III,61-62).

Buchari Sidhi, o poder de saltar como uma rã.

Vâyu Sidhi, o poder de flutuar no ar (III,53 e III, 49-50).

Os adeptos do *Tantra* tornaram a incluir no processo espiritual todos os aspectos da existência que as tradições estabelecidas, haviam excluído pela vida da renúncia – a sexualidade, o corpo e universo físico em geral. Do ponto de vista junguiano, podemos compreender este processo como uma tentativa deliberada de reinstalar o "anima", o princípio psíquico feminino, chamado *Shakti* no hinduísmo e representado na iconografia por deusas como *Kalî, Durgâ, Sitâ, Radhâ* e centenas de outras divindades, mostradas nas ilustrações a seguir.

O princípio feminino é frequentemente chamado apenas de *Devi* – (a Deusa). A Deusa é, acima de tudo, a Mãe do Universo, a esposa do divino Masculino, seja ele invocado como *Shiva, Vishnu, Brahma, Krishna* ou simplesmente *Mahâdeva.*

De acordo com algumas escolas, a Deusa manifesta-se sob dez formas. As quais são chamadas de "Grandes Sabedorias". Essas formas são as seguintes:

Deusa *Kalî*. Foto do autor.

1. Kalî

É a forma primária da Deusa, representada como uma figura escura e imprevisível. Opera por meio do tempo (*kâla*), que destrói todos os seres e as coisas. Porém, para seus devotos, é uma mãe amorosa que nunca deixa de protegê-los e de cuidar deles.

Târa.

2. Târa

É o aspecto salvador da Deusa. Sua função é a de conduzir o devoto em segurança, até a "outra margem" do oceano da existência condicionada. Não obstante, a semelhança de *Kâli*, *Târa* também é representada muitas vezes como uma divindade terrível que dança sobre um cadáver e segura a cabeça cortada numa de suas quatro mãos – um lembrete de que a graça exige o sacrifício do devoto.

Tripura Sundarî.

3. Triupurâ Sundarî

Representa a beleza essencial da Deusa. É chamada *Tripurâ* (três cidades) porque domina os três estados de consciência – a vigília, o sonho e o sono profundo.

Bhuvaneshvarî.

Bharaivî.

4. Bhuvaneshvarî

Como já indica o seu nome, é a soberana *(ishvarî)* do mundo *(bhuvana)*. Se *Kali* representa o tempo infinito, *Bhuvaneshvarî* representa o espaço e a criatividade infinitos.

5. Bhairavî

É o aspecto feroz e aterrorizante da Deusa, a qual exige a transformação do devoto. Costuma ser representada como uma mulher ensandecida e sanguinolenta. Não obstante, sua ira é divina e sempre é construtiva. Seu poder libertador é indicado pelo fato de que duas de suas mãos fazem o gesto da transmissão de conhecimento, enquanto as outras duas fazem o gesto da proteção.

Chinnamasta.

6. Chinnamasta

O aspecto da Deusa que estilhaça a mente. É representada com a cabeça (*masta*) cortada. Essa imagem medonha deixa claro aos devotos que eles têm de ir além da mente e perceberem a realidade diretamente.

Dhûrmâvati.

7. Dhûmâvatî

É o aspecto da Deusa que funciona como uma divina cortina de fumaça sob a forma da velhice e da morte, donde surgiu o seu nome "Esfumaçada". Só o devoto fervoroso é capaz de vislumbrar a promessa de imortalidade da Deusa, por trás do medo da morte.

Bagalâmukhî.

8. Bagalâmukhî

Embora seja de uma beleza sem par, leva um bordão de esmagar as ilusões e as concepções errôneas dos seus devotos.

Sarasvati.

9. Sarasvati

É a padroeira das artes e especialmente da música, ela conduz o devoto à contemplação do som primordial sem causa.

Kalamâtimikâ.

10. Kamalâtmikâ

É a Deusa na plenitude no seu aspecto gracioso. É representada sentada sobre um lótus, símbolo da pureza.

Há ainda outras manifestações da Deusa (Grande Deusa ou Mãe Universal), que não estão aqui relacionadas. As dez formas da Deusa mostradas acima, quer sejam graciosas, quer sejam terríveis são adoradas como a Mãe Universal.

Devî não é somente a que cria e sustenta, é aquela cuja beleza ultrapassa toda imaginação; é também a força terrível que anula o universo quando chega a hora marcada. No corpo-mente humano, *Devî* particulariza-se no "poder enrodilhado" (*Kundalinî--Shaktî*) cujo despertar constitui o fundamento do Tantra-Yoga.

Mas *Shaktî* ou *Devî*, nada seria sem o pólo masculino da existência. Costuma-se representar *Shiva* e sua eterna esposa unidos em êxtase num abraço. Eles pertencem um ao outro. No plano transcendente, deleitam-se eternamente um com o outro no êxtase da sua união. Esse casamento transcendente é o arquétipo da correlação empírica que existe entre a mente e o corpo, a consciência e a matéria, o masculino e o feminino. Segundo um ditado tântrico bem conhecido, "Sem *Shakti, Shiva* é morto". Isto é, *Shiva* não pode criar.

Relação de livros que contêm textos tântricos

– *ABHINAVAGUPTA*. **Luce Del Tantra (*Tantraloka*).** Milano. Adelphi Edizione. 1999.

– *ABHINAVAGUPTA,* SING, Jaideva (Trad.) ***Paaratrisika-Vivarana -* The secret of *Tantric* Mysticism.** Delhi. Motilal Banarsidass Private Limited. 2002.

– AVALON, Arthur (WOODROFFE, Sir John) **El Poder serpentino.** Tradução dos textos *Sat Cakra-Nirupana* e *Paduka Pancaka.* Buenos Aires. Editorial Kier. 1976?

– AVALON, Arthur (WOODROFFE, Sir John) . **The Great Liberation (*Mahanirvana Tantra*).** *Madras, Ganesh* and Company. 1985.

– AVALON, Arthur (WOODROFFE, Sir John). ***Kularnava Tantra.*** Delhi. Motilal Banarsidass Private Limited. 2000.

– *BHATTACHARY, Brajmadhavara.* **The world of *tantra*.** New Delhi. Mushiran Manohalal Publisher Pvt Ltda. 1988.

– *BHATTACHARYA, N.N.* **History of the *tantric* religion**. *New Delhi. Masnohar: 2005.*

– *FEUERSTEIN, Georg.* **Tantra - sexualidade e espiritualidade**. Rio de Janeiro-RJ. Editora Nova Era. 2001.

– JUNG, carl Gustav. **A dinânâmica do inconsciente**. Rio de Janeiro - Petrópolis. Editora Vozes. 1991.

– *KRISHNA, Gopi.* **Kudalini**. Rio de Janeiro-RJ. Editora Nova Era. 1988.

– *SINGH, Jaideva* – Trad. **Vijnñanabhairava or Divine Counscious-ness**. Delhi. Motilal Banarsidass Private Limited. 2002.

– *SINGH, Jaideva* - Trad. **Pratyabhijñahrdayam - The Secret of Self-Recognition**. Delhi. Motilal Banarsidass Private Limited. 1998.

– *SIVANANDA, Swami.* **Kundalini Yoga**. Buenos Aires. Editorial Kier. 1986.

– TINOCO, Carlos Alberto. **S'iva Samhitâ**. São Paulo-SP. Madras Editora. 2009.

– .... **As Upanishads**. São Paulo-SP. Editora Ibrasa.

– .... **As Upanishads do *Yoga***. São Paulo-SP. Madras Editora. 2005.

4. *Karma Yoga*

Ramo ou via do *Yoga* é caracterizado pela ação, pela realização de ações e pelos atos sem que exista apego ao fruto dessas mesmas ações. A expressão *Karma Yoga* é de origem sânscrita e significa *Yoga* da Ação. *Karma Yoga* também é chamado de *Bhuddhi Yoga*.

De um ponto de vista puramente histórico, o *Karma Yoga* surgiu como uma resposta ao pensamento hinduísta segundo o qual, o homem, para poder se desenvolver espiritualmente deveria se retirar da sociedade e dirigir-se para as cavernas ou florestas abandonando o resto do mundo. Um grande exemplo de pessoa que personificou o *Karma Yoga*, é *Mahatma Gandhi*. Foi com suas ações firmes que a Inglaterra ficou de joelhos e acabou dando liberdade à sua colônia distante, a *Índia*.

Karma Yoga é um conjunto de todas as ações e seus frutos dedicados ao Supremo. É o desempenho de ações enraizadas na união com o Divino, que removem o apego e estabelece o equilíbrio mental, tanto no êxito como no fracasso. *Karma Yoga* é o caminho ao Supremo pela ação, um serviço altruísta à humanidade que purifica o coração e promove mudanças nas nossas atitudes internas e emoções através da própria experiência, que transforma nossas ações e refina nossas motivações. Assim, eleva-nos a uma vivência expansiva, onde o mais importante é o foco em servir a humanidade sem qualquer desejo ou egoísmo, sem o interesse de conseguir qualquer resultado, seja a fama, fortuna, sucesso, posição, reconhecimento, riqueza, etc. Este conceito é um dos pilares do caminho espiritual, sendo considerado a principal trajetória que nos leva à Auto-Realização através da ação.

Karma Yoga é a integração pela dedicação de todas as ações e seus frutos à divindade. É a execução da ação em união com a parte divina interior, ficando distanciado dos resultados e mantendo o equilíbrio seja em face do sucesso ou do fracasso. *Karma Yoga* é o serviço desinteressado para a humanidade. É o *Yoga* da ação que prepara o coração e mente para receber a Luz Divina, ou conhecimento do "Si Mesmo", do *Âtman*.

A prática da ação sem esperar por seus frutos, liberta do medo e do pesar. O praticante de *Karma Yoga* deve se libertar da ambição, do desejo, da raiva e do egoísmo. Deve ter um grande coração, amar a sociedade com os homens de qualquer tipo. Ao praticar o *Karma Yoga*, essas qualidades vão tornando-se parte da pessoa.

Gandhi (*Mohandas Karamchand Gandhi* (1869/1948) utilizou e difundiu o *Yama ahimsa*, ou de resistência pacífica, ou seja, a política de não-violência a partir do *Karma Yoga* citado no *Bhagavad Gitâ*, onde *Sri Krishna* ensina a *Arjuna*.

É na *Bhagavad Gitâ,* comentada por *Paramahansa Yogananda* (*YOGANANDA*, Paramahansa (2007, p 135-142) que se encontra um forte pensamento sobre o *Karma Yoga*, quando *Krishna* diz a *Arjuna*:

> 3.3. O Senhor do Universo disse: 'Ó tu que não tens pecado, no princípio da criação foram estabelecidos dois meios pelos quais o homem poderia salvar-se. O primeiro, pela sabedoria; o outro, pela reta ação'.

> 3.4. Não-ação não é inação. Quem renuncia ao esforço (em nome da divina indiferença à atividade) não pode atingir a perfeição.

> 3.5. Ninguém pode permanecer inativo sequer por um momento; todos somos compelidos (pela Natureza), de bom ou mal grado, a agir motivados pelos *gunas* (as três qualidades) da Natureza.

> 3.6. Aquele que refreia seus órgãos da ação, mas deixa revolutear na mente pensamentos voltados para objetos dos sentidos, é (com justeza) considerado hipócrita e a si mesmo se ilude.

Livros sobre Karma Yoga.

– *YOGANANDA, Paramahansa*. **God talks with *Arjuna*: The *Bhagavad Gita*.** Los Angeles. Self Realization Felowship, 2 Vol. (obra póstuma). 1995.

– *YOGANANDA, Paramahansa*. **A Essência do *Bhagavad Gita***. São Paulo-SP. Editora Pensamento. 2007.

– FEUERSTEIN, Georg. **A tradição do *Yoga***. São Paulo-SP. Pensamento, ps.376-381. (Tradução de *trechos escolhidos do **Yoga Vasisihtha***). 2001.

– ***VASINTHA SAMHITÁ***. *Lonavla, Kaivalyadhama S.M.Y.M. Samiti*. 2001.

– *VYASA*. ***Anughita*** (Trad. WAISMAN, Edmundo & GOMEZ, Zulema). Rosário (Argentina) Ediciones Del Peregrino. 1985.

– *VIVEKANANDA, Swami*. **As quatro *Yogas* de autorealização**. São Paulo-SP. Editora Pensamento Ltda. 1990.

5. Bhakti Yoga

Disciplina da devoção, do amor ao divino como está exposta na *Bhagavad Gitâ*, no *Bhagavata Purana* e outros textos. O termo *Bhakti* deriva da raiz sânscrita *bhaj*, que significa "participar de". Também pode significar 'adorar', 'servir', 'amar', 'ser devoto' que são a essência do *Bhakti Yoga*. A palavra *Bhakta* deriva da mesma raiz e significa também, 'aquele que pratica *Bhakti Yoga*, que sente a devoção. Neste caso, pode-se dizer que *Bhakti Yoga* é o *Yoga* da devoção amorosa à Pessoa Divina, ao Absoluto *Brahmân* ou à uma deidade particular. O praticante do *Bhakti Yoga* é denominado *bhakta*.

O *Bhakti Yoga* é o *Yoga* do amor e da devoção. É a devoção ao divino em qualquer forma ou sem forma, seja qual for a relação que cada um estabelece com o transcendente. Pode ser a devoção à Verdade, ao *Parabrahmân* (Consciência Suprema), à Realidade Absoluta ou qualquer nome que seja usado para descrever o Inominável, o Insondável. Podemos ser devotos de Cristo, *Buda, Krishna*, Allah, *Rama, Shakti, Shiva*, Ahura Mazda, ou Zeus. Podemos expressar devoção por qualquer forma em que se reconheça a presença do divino, que pode ser um santo morto ou vivo, o *guru* ou a natureza no seu esplendor. A especificidade da forma não importa, o essencial é a devoção que se sente. Adorar uma divindade particular, nos remete diretamente ao Absoluto, qualquer que seja o nome que a Ele seja dado.

O *Bhakti Yoga* tem duas formas de ser abordado: se fomos naturalmente devotos a tendência será seguir o caminho do *Bhakti Yoga*, que envolve uma concentração intensa de todo o Ser no objeto de devoção. Este tipo de *Bhakti,* conduz diretamente ao conhecimento do transcendente; no entanto, para quem não tem essa natureza, existem outros tipos de *Yoga* que podem ser seguidos. Estes caminhos eventualmente levam a uma experiência espiritual, que por sua vez, leva ao desenvolvimento do *Bhakti Yoga,* para que desta maneira o aspirante possa ter consciência de algo que antes não tinha.

O propósito do *Bhakti Yoga* é desenvolver intensamente a concentração no sentido do objeto de devoção. Isto ocorre espontaneamente se houver um sentimento profundo, *bhava*. Toda a energia do indivíduo converge num só foco, o que torna a mente e o corpo muito mais sensíveis e receptivos ao transcendente. O indivíduo torna-se *bhakta* pela experiência e não apenas por acreditar.

O objetivo do *Bhakti Yoga* é levar-nos para além da identificação com o pequeno 'eu', corpo e mente. É reduzir caprichos pessoais, conflitos, desarmonia tudo o que limita a consciência e desta forma deixar que a mente se torne um reflexo, um espelho perfeito da experiência. Nestas circunstâncias pode-se atingir uma consciência mais elevada e uma felicidade suprema.

A pessoa que vive o seu dia a dia de trabalho de uma forma tranquila, pode facilmente ser um *bhakta*, tal como a pessoa que passa o seu dia e a sua noite em cânticos devocionais. Só o *bhakta* consegue saber se é *bhakti*.

Mira Bai foi uma princesa *rajputra* que viveu entre 1498 e 1550 d.C. Ela era poetisa e estava apaixonada por *Krishna*, que é representado como um homem de pele escura. *Krishna* quer dizer negro. Sua devoção espititual apareceu depois do falecimento do seu marido e dos pais.

Para que se tenha uma ideia da força devocional de *Mira Bai*, colocamos a seguir um trecho de um dos seus poemas sobre *Krishna*, traduzido por José Jorge de Carvalho (CARVALHO, 2001. p.128-129)*:*

> Vem para o meu quarto,
> espalharei flores frescas no canapé,
> perfumei todo o meu corpo.(...)
> Gira a roda das encarnações
> e eu sempre sou tua escrava,
> deito apenas contigo.
>
> O senhor de *Mira* nunca perece.
> Uma olhadela no Amante Negro
> É tudo que ela almeja.
> Leva minha imagem
> para aquele *yogi* errante.
> Diz a ele que gastei meus dedos
> contando os dias,
> o momento chegou.

Algumas obras do Bhakti Yoga

– CARVALHO, José Jorge. **Os melhores poemas de amor da sabedoria religiosa de todos os tempos**. Rio de Janeiro-RJ. Ediouro Publicações S.A. 2001.

– *VENKATESANANDA, Swami*. **Yoga Vasistha**. Delhi, Motilal Banarsidass Private Limited. 1984.

– *NARADA, Devarishi*. **Bhakti Sutra**. Buenos Aires. Editorial *Hastinapura*. 2007.

– *GOSVAMI, Srila Rupa*. **O néctar da devoção**. (trad. *PRABHUPADA, A.C. Bhaktivedannta Swami*) São Paulo-SP. The *Bhaktivedanta*, Book Trust. 1979.

– *JAYADEVA* (1999) **Gita Govinda**. (trad. TOLA, Fernando) Madrid. Editora Biblioteca Nueva. 1999.

– *GOSVAMI, Krsnadasa Kaviraja* (1986). **Sri Caitanya Caritamrita** - 7 vol. (trad. *PRABHU-PAD. A.C.. Bhaktivedanta Swami*) São Paulo-SP. The *Bhaktivedanta* Book Tust. 1986.

– *DATTATREYA, Mahatma* (s\d). **Avadut Gita.** (trad. *BLANCHEYRE, A.*). Brasília. Thot Editora.

6. Jñana Yoga

Ramo do *Yoga* que se dedica à sabedoria discriminativa ou ao estudo dos textos do hinduísmo, principalmente as *Upanishads*. A palavra *Jñana*, significa "conhecimento". *Jñana Yoga,* portanto, significa *"Yoga* do Conhecimento". O praticante de *Jñana Yoga* se chama *jñanin*.

A expressão *"Jñana Yoga"* apareceu pela primeira vez na *Bhagavad Gîtâ*. Basta verificar a tradução feita diretamente do sânscrito do livro citado, feita por Carlos Alberto Fonseca (FONSECA. 2009.p.72.):

"O Venerável disse: 'Neste mundo ó *Anan-*

Krishna e Arjuna no carro de combate na Batalha de Kurukshetra.

ga, desde tempos antigos refiro duas certezas: o *Jñana Yoga* do *Samkya,* o *Karma-Yoga* dos *Yoguin".*

A palavra *Ananga* se refere a *Arjuna,* aquele que mantém um diálogo imortal com *Krishna* na *Bhagavad Gitâ.* E o Venerável, é *Krishna* que fala.

O *Jñana Yoga* é o caminho mais difícil, exigindo muita força de vontade e do intelecto. Usando a filosofia do *Vedanta,* o *Jñana Yogue* utiliza a sua mente para investigar sua natureza. *Jñana Yoga* leva o devoto à experiência de sua unidade com o Supremo diretamente, para dissolver o véu da ignorância. Antes de praticar *Jñana Yoga,* o aspirante deve ter integrado as lições das outras sendas *Yógicas,* pois sem altruísmo e amor ao Supremo e sem a força do corpo e da mente, a busca da autorealização pode se tornar mera especulação.

Algumas obras do Jñana Yoga

– ALBRECTH, Ada. **Comentário ao *Uttara Guita*.** São Paulo-SP. Nova Acrópole. 1980

– APPRIGLIANO, Adriano. ***Upanisadas***. São Paulo-SP. *Mantra.* 2020.

– AIYER, *K. Narayanaswami.* ***Laghu-Yoga-Vasishta.*** Adyar. The Adyar Library Center. 2001.

– *AUROBINDO, Sri.* **The** *Upanishads.* Pondicherry: *Sri Aurobindo Ashran* Publication. 1994.

– BARBOSA, Carlos Eduardo G. ***Bhagavad Gitâ***. São Paulo-SP. *Mantra.* 2018.

– *GOSVAMI, Srila Rupa* (1975). ***Upadesamrita* - O néctar da instrução**. (trad. *PRABHUPAD, A.C. Bhaktivedanta Swami*). São Paulo-SP. The *Bhaktivedanta,* Book Trust.(1975).

– KELANG, Kashnat Timbak (trad.). **The** ***Anugita***. San Diego, Wizards Bookshel. 1981.

– DAVID-NEEL, Alexandra (trad.) (1984). ***Astravakra Gita* e *Avadhuta Gita***. Lisboa. Luis Carcamo Editor. 1984.

– *GAMBHIRANANDA, Swami* (trad.). ***Brahma Sutra Bhasya***. Calcutá. Advaita Ashran.1983.

– PLAZAS, Javier (trad.). ***Ashtavakra Gita***. Madrid. Edaf. 2000.

– *RANGACHARYA, M. AIYANGAR, M.B. Vardana.* **The Vedântasutra with the** ***Sribhasya* of *Ramanujacârya***. New Delhi. Munshiram Manoharlal Publishers Pvt. Ltd. 2 vols. 2002.

– *SARASWATI, Swami Sùddhabodhananda.* ***Brahmasûtras'nkarabhasyaam (catussutri)***. Mumbai. *Sri Viswaswar* Trust. s/d.

– TINOCO, Carlos Alberto. **As** ***Upanishads.*** São Paulo-SP. Editora Ibrasa. 1996.

– _____ **A Grande** *Upanishad* **da Floresta**. São Paulo-SP. Madras Editora. 2013.

– THIBAULT, George (trad.). **The** ***Vedanta Sutra* of *Badarayana***. New York. Dover Publication Inc. 2 vols. 1962.

– MARTÍN, Consuelo (trad.) **Brama- Sutra**. Madrid. Editorial Trotta. 2000.

– *NIHILANANDA Swami*. **The Upanishads**. New York. *Ramakrishna-Vivekananda* Center. 4 Vols. 1990.

– *YOGUENDRA, Sadananda* (1987). **Vedantasara** (trad. *NIKHILANANDA*, Swami). Buenos Aires. *Ramakrishna Ashrama.* 1987.

7. Purna Yoga

A expressão *Purna Yoga* é de origem sânscrita que significa, de acordo com os ensinamentos de *Sri Aurogindo Gosh*, "Yoga Integral" ou "*Yoga* Total". *Sri Aurobindo Ghosh*, cujo nome é *Aurobindo Akroyd Ghosh*, criou o *Purna Yoga* nos anos 1900. Ele nasceu em Calcutá em 15 de agosto de 1872 e faleceu em 5 de dezembro de 1950. A via do *Yoga* por ele criada, refere-se ao processo de união de todas as partes de uma pessoa ou praticante com o Absoluto *Brahmân* e a transmutação das suas partes discordantes ou desarmoniosas em um harmonioso estado de Elevada Consciência. *Sri Aurobindo* também chamava a via do *Yoga* por ele criada do "*Yoga* Supramental".

Purna Yoga não deve ser confundido com a marca comercial de mesmo nome, criada por *Swami Satchitanada*. *Purna Yoga* pode ser definido como Transformação Integral do Ser para a Realização Divina na Terra, um Caminho que conduz ao despertar integral do Ser Individual e sua identificação com a Consciência mais elevada, realizando modificações na totalidade do Ser e da natureza, de modo a permitir a descida da Luz, em sua plenitude.

O *Purna Yoga* de *Sri Aurobindo* pode ser descrito como uma síntese de harmonização dos caminhos do *Karma Yoga*, do *Jñana Yoga* e do *Bhakti Yoga* como são descritos na *Bhagavad Gitâ*. Também pode ser considerado como uma síntese entre o *Tantra* e o *Vedanta*. O "*Yoga* Supramental" propõe uma grande transformação na vida da Terra.*Sri Aurobindo* desejava ver o paraíso neste nosso mundo.

O *Yoga* Integral é o *Yoga* da plenitude do Supremo, é o *Yoga* da realização divina. Não é a junção das várias linhas de *Yoga* e sim, a experiência e caminho deixados por um dos grandes mestres da Índia, *Sri Aurobindo*. Ele percebeu que não bastava o homem encontrar o Supremo nos planos superiores, negando a vida ou fugindo dos problemas do mundo e sim, trazer para a "natureza- corpo", mente e vida a luz do espírito supremo, solucionando as dificuldades da inconsciência e ignorância humana. *Sri Aurobindo* percebeu que na Terra todos os planos de consciência se encontram. Portanto, o paraíso será aqui. Concordando, assim com a visão do paraíso terrestre de outros sábios, como Jesus, *Shankaracharya*, etc.

No *Yoga* antigo ou tradicional o objetivo é alcançar o Supremo. Para o *Yoga* Integral este é o primeiro passo. O objetivo do *Yoga* Integral é trazer o poder da Consciência Divina para dentro da mente, vida e corpo, ou seja, uma existência Divina na matéria. O objetivo procurado pelo *Yoga* Integral não é uma aquisição individual, mas algo a ser adquirido para a consciência da Terra. O *Yoga* Integral tem como características: a) realização divina; b) o respeito à individualidade; c) o *Yoga* coletivo; d) a consciência do Ser Integral; e) a Metodologia Integral.

Na primeira característica percebe-se a necessidade de um movimento duplo: sobe-se a níveis de consciência "superiores" e desce-se trazendo um poder para a mente, vida e corpo. Somente quando esta descida começa a ocorrer, é que podemos dizer que há *Yoga* Integral. Na segunda característica o respeito à individualidade é o respeito às tendências de cada alma. A terceira característica trata do *Yoga* coletivo e é um dos pontos principais para a realização de um trabalho verdadeiro em busca da realização Divina. Na quarta característica, devemos ter consciência do nosso corpo físico, de nossas emoções e de nossos pensamentos para podermos conhecer nossos movimentos mais profundos e verdadeiros. Sem um profundo e verdadeiro trabalho de autoconhecimento não teremos condições de alcançar a perfeição máxima da expressão do Divino através de nós mesmos. A quinta característica consiste na instrumentalização do indivíduo que busca a Realização Divina isto é, dar conhecimentos, teóricos e práticos, para que cada um, adaptando-os às suas tendências, para que possa construir seu *Sadhana,* seu caminho espiritual.

Uma aula prática de *Yoga* Integral é composta de várias etapas, a saber: a) Concentração; b) Cantar *Mantras;* c) Executar técnicas de *Kriya Yoga;* d) Praticar *Yoga Nidrâ* (*Yoga* do Sono); e) Meditação.

Mestres do *Yoga* Integral:

Sri Aurobindo Ghose

Nasceu em Calcutá, Índia, a 15 de agosto de 1872, como já foi abordado acima. Aos 7 anos, ele foi estudar na Inglaterra,

Sri Aurobindo Ghose.

onde ficou até os 21 anos. Lá, aprendeu e dominou completamente os idiomas inglês, grego, latim e francês. Os idiomas alemão, italiano e espanhol também lhe eram familiares. Ao retornar à Índia, em 1893, começou a procurar pela sabedoria e verdade do Oriente. Aprendeu o sânscrito e várias línguas indianas e assimilou o espírito da civilização indiana, em todos os seus aspectos. Passou treze anos no serviço administrativo e educacional para o Estado, tendo ficado uma grande parte deste período em silenciosa atividade política. Em 1906, foi para Bengala onde assumiu abertamente o comando do movimento revolucionário para a independência da Índia, o qual durante anos ele havia organizado em segredo. Foi processado três vezes, mas, foi liberado por falta de provas. Finalmente, algum tempo depois o Governo Britânico conseguiu prendê-lo, mantendo-o no cárcere por um ano, entre os anos de 1908 e 1909. Foi durante esse período que *Sri Aurobindo* passou por uma série de experiências espirituais que determinou o rumo de seu trabalho para o futuro. Quando ele foi solto teve a certeza do sucesso do movimento libertador da Índia e assim, respondendo a um chamado interior, *Sri Aurobindo* retirou-se do campo político e, em 1910 viajou para *Pondicherry*, no sul da Índia para devotar-se totalmente à sua missão espiritual. *Sri Aurobindo* anteviu a possibilidade de uma vida Divina na terra e lutou por ela.

Durante 40 anos em *Pondicherry*, permaneceu absorvido em seu trabalho espiritual, porém conservou-se a par de tudo o que estava acontecendo na Índia e no mundo. Quando era necessário ele interferia, mas apenas com sua força espiritual e ação silenciosa. *Sri Aurobindo* deixou o seu corpo em 1950, aos 78 anos, mas sua visão e ideais ainda continuam vivas e atraem a atenção de todos no mundo inteiro. Seu trabalho espiritual tornou-se conhecido como "O *Yoga* de *Sri Aurobindo*" ou "*Yoga* Integral".

A Mãe (Mirra Alfassa)

A Mãe (Mirra Alfassa).

A Mãe era francesa de nascimento e em relatos, ela disse que teria sido contatada em "sonho" por *Sri Aurobindo*, e orientada para que mudasse para a Índia. Até então eles não se conheciam e nunca haviam se encontrado fisicamente.

Foi no ano de 1914 que Mirra Alfassa chegou a *Pondicherry*, aquela que seria a "Mãe", companheira espiritual de *Sri Aurobindo*, realizadora e materializadora da comunidade de *Yoga* Integral. Deste encontro, a Mãe sai com uma profunda boa impressão do Mestre. O trabalho realizado e desenvolvido pela Mãe e por *Sri Aurobindo* possuia um valor espiritual incalculável. O Mestre dedicou-se integralmente à realização da descida da Suprema Consciência, ao estabelecimento da Supramente sobre a Terra, à transformação da Vida Ordinária em vida Divina. A Mãe dirigiu e organizou o *Ashram* e todos os trabalhos da comunidade, sempre em busca do estabelecimento de uma vida mais luminosa, mais valiosa e plena. Em Pondicherry, no sul da Índia, Aurobindo criou uma verdadeira cidade do Yoga, Aurioville. Auroville, também conhecida como "A Cidade do Amanhecer", é um povoado internacional ou ecovila, perto de Pondicherry, construída com o propósito de realizar a unidade humana comunitária.

Auroville.

Alguns livros sobre Purnana Yoga

– AUROBINDO, Sri. **The Integral** *Yoga*. Pondicherry-India. *Aurobindo Ashram* Press. (2003).

_____ **A consciência que vê**. Salvador-BA. Casa *Sri Aurobindo*. 1971.

_____ **A vida divina**. São Paulo-SP. Editora Pensamento-Cultrix.2018.

– *CHAUDURI, Haridas*. ***Yoga* Integral**. Rio de Janeiro-RJ. Editora Civilização Brasileira. 1972.

– GOMES, Horivaldo. ***Purna Yoga.*** Rio de Janeiro-RJ. Editora ND. 1991.

– GOMES, Horivaldo. ***Yoga* Integral: o *Yoga* para uma nova era**. Rio de Janeiro-RJ. PALAS – Editora Distribuidora Ltda.1993.

8. Mantra Yoga

É o ramo do *Yoga* que se dedica ao cantar dos sons isolados ou frases em sânscrito, consideradas sagradas e que ajudam na concentração da mente. É um dos mais antigos ramos do *Yoga.* A palavra *Mantra* é de origem sânscrita oriunda do radical *man,* que significa "pensar" e do sufixo *tra,* que denota instrumentalidade. Assim, a palavra *Mantra* significa "hino", "prece", "encantamento". A expressão *Mantra Yoga* significa, portanto, "*Yoga* do Som", "*Yoga* da Prece" ou "*Yoga* do Encantamento".

Os *Mantras* são sons produzidos pelos humanos no idioma sânscrito e são formados com uma sílaba ou com frases. Podem ser falados ou cantados. Geralmente são empregados como fórmulas mágicas para se conseguir algo ou homenagear os *devas* -deuses- ou as *devîs* – deusas.

Exemplos de *Mantras* monossilábicos: *lam, vam, ram, yam, ham, om.* Estes são cantados para ativar os sete principais *Chakras* que se localizam no corpo sutil, denominado "*Pranamâyâ kosha".* Os *Chakras,* segundo o hinduísmo, são centros de força psicoespirituais que exercem poder sobre determinados órgãos do corpo humano e também respondem por determinados aspectos psicológicos dos seres humanos.

Mantras pessoais são transmitidos em contextos iniciáticos. Na Índia, o homem para ingressar no *Yoga* passava por uma iniciação espiritual, quando então o seu *guru* lhe dava um *Mantra* pessoal.

Um dos principais objetivos do *Mantra* dentro da prática de *Yoga,* é equalizar a proporção da capacidade de voltar-se para dentro, como a de pôr-se "para fora".

Mantra Yoga é um tipo de *Yoga* que trabalha basicamente com a técnica da vocalização de sons. Seu objetivo é aproveitar toda gama de efeitos que os *Mantras* produzem. A seguir podemos observar alguns efeitos de quando se canta os *mantras:*

1. Limpeza dos canais de energia: assim, como temos veias e artérias que conduzem o sangue para diferentes partes do corpo, possuímos um campo mais sutil, por onde circula a energia vital chamada pelo *Yoga* de *Prana. Prana* é toda forma de energia psíquica ou ares vitais, manifestada biologicamente. O *Prana* também se encontra no ar, nos seres vivos e nos raios do sol.

2. Assim como as veias e artérias são obstruídas por uma alimentação pouco saudável, rica em gorduras, os canais de energia ou *Nadis,* também são obstruídos por emoções pesadas como medo, ódio, inveja ou pensamentos destrutivos. Tudo isso vai deixando detritos nos canais que com o passar do tempo, prejudicam a livre circulação do *Prana.* Com a intenção de desobstruir estes canais, os *Yogues* começaram a perceber que quando o *Prana* passava por eles, produzia um determinado som. Eles, por sua vez, conseguiam produzir sons que traziam junto ultrassons, sons que não conseguimos captar, mas que nem por isso deixam

de existir. Estes ultrassons por sua vez, entram em ressonância com o som do *Prana*.

Estabilidade da mente: É a cessação dos pensamentos e emoções.

Para se praticar o *Mantra Yoga* é necessário certa familiaridade com o sânscrito: o sânscrito é a língua do *Yoga*. Todos os mantras do *Yoga* são pronunciados nesta língua. Qualquer praticante que deseja evoluir na senda do *Yoga* deve conhecer um pouco do sânscrito. O sânscrito nos ajuda muito nesta prática.

O ato de cantar *Mantras* produz estados de euforia: Há dois tipos de *Mantras*. Os *kirtans* que são vocalizados com os olhos abertos e geram extroversão e os *japas*, que são os repetitivos e feitos com os olhos fechados. Quando os *kirtans* são vocalizados por horas, uma sensação de euforia aparece.

A seguir um exemplo de *Mantra* falado, numa tradução do sânscrito de *Jayaram. V. (JAYARAN.V,* Hindu Website):

> *Vedair anekair aham eva vedyar*
> *Vedanta-krid véda vid eva caham*
> *Na punyapape mama nashi nashah*
> *Na janma dehendriya-buddhir asti.*

A tradução, é a seguinte:

> Eu sou o Um que deve ser conhecido através do *Véda*
> Eu sou quem fez o *Vedanta* e o conhecedor do *Véda*
> Eu não tenho mérito nem culpa
> Não há destruição para mim, nem nascimento
> Ou corpo, sentidos ou mente.

Um exemplo de *Mantra* cantado, é o famoso *Gâiatry Mantra*, o mais respeitado do hinduísmo. Este *Mantra* se encontra nos *Samhitâs* ou hinos do *Rig Véda*, como se pode ver na tradução do sânscrito para o inglês feita por Ralpf T. H. Griffth, Livro III, Capítulo 62, verso 10 (GRIFFTH, T.H. **The Hymns of the *Rgveda*.** Delhi: Motilal Banarsidass, pág. 198. 1991:

> 10. May we attain that excelente
> glory of *Savitar* the God:
> So May He stimulate our prayers.

O verso acima pode ser escrito, numa transliteração do sânscrito, do seguinte modo:

> *Om, Bhur, Bhrvar, Svat*
> *Tat Savitur Varenian*
> *Bhargo Devasya Dhimahe*
> *Dhyo Io Nah Pratchodaya.*

A tradução seria:

> *Om,* Terra, Ar Éter
> Contemplemos Aquele Esplendor
> Celestial Do Deus *Savitri,* Para Que
> Ele Inspire Nossas Visões.

A *Yoga Tattva Upanishad*, traduzida do francês por Carlos Alberto Tinoco (TINOCO, 2005. págs. 183-184), define o *Mantra Yoga* do seguinte modo:

20. O *Mantra Yoga* consiste em repetir incessantemente durante doze anos,
as fórmulas (*mantras*) e as letras matrizes;
21. Adquirem-se, assim, progressivamente
o conhecimento e os poderes
como o de se fazer tão tênue quanto um átomo.
22. Um tal *Yoga*, portanto,
não interessa senão ao *yogin*
pouco dotado intelectualmente.

Alguns livros que contém textos do Mantra Yoga

– *SIVANANDA, Sri Swami* (1983). **Tantra Yoga, Nada Yoga, Kriya Yoga.** Buenos Aires. Editorial Kier. 1983. A. S. ps. 56-60.

– *GRANTHAMALA, Chankrabha Pachavydya.* **Mantra-Yoga-Sam-hitá.** *Varanasi Chankhabla* Publishers (*RAI, Dr. Ramkumar*-Trad.). (?).

– ASHLEY-FARRAD, Thomas. **Mantras que curam**. São Paulo-SP. Cultrix. 1993.

– IDEM. **Shakti, os *mantras* da energia feminina**. São Paulo-SP. Pensamento. 2005.

– BLOFFELD, John. **Mantras, palavras sagradas de poder.** São Paulo-SP. Cultrix. 1995.

– *RADHA, Swami Sivananda* (2000). **Mantras-palavras de poder.** São Paulo-SP. Madras.

– *TAIMNE, I.K. **Gayatri, o mantra sagrado da Índia.** Brasília-DF, Ed. Teosófica. 1991.

– TINOCO, Carlos Alberto. **As *Upanishads* do *Yoga*.** São Paulo-SP. Madras Editora. 2005.

9. Nāda Yoga

É a linha do *Yoga* que trabalha com os sons místicos escutados, principalmente no ouvido esquerdo e no meio da cabeça.

Nāda Yoga é um antigo sistema metafísico indiano. É igualmente um sistema filosófico, um remédio e uma forma de *Yoga*. Os aspectos teóricos e práticos do sistema baseiam-se na premissa de que todo o cosmos e tudo o que existe nele, incluindo os seres humanos, consiste em vibrações sonoras, chamadas *Nāda*. Este conceito sustenta que é a energia sonora em movimento e não a matéria e partículas, que formam os blocos de construção do cosmos.

Nāda Yoga também é uma maneira reverencial de se aproximar e responder ao som. Neste contexto, a música carrega um peso espiritual mais significativo do que as propriedades sensoriais normalmente fornecem. O som e a música têm um importante papel a ser desempenhado, para conseguir uma unidade mais profunda com o cosmos externo e interior. O uso de vibrações sonoras e ressonâncias do *Nāda Yoga* são usados para atingir efeitos espirituais elevados para assim, poderem ser empregados para aumentar o nível de consciência dos centros de energia chamados *Chakras*.

A música tem sido utilizada pela maioria dos santos indianos como uma ferramenta importante e poderosa na busca pela conquista do *Nirvana*. O *Nāda Yoga* divide a música em duas categorias: música interna, *Anahata*, e música externa, *Ahata*. Enquanto a música externa é transmitida para a consciência através de órgãos sensoriais, ou seja os ouvidos, onde a energia mecânica é convertida em energia eletroquímica e depois, transformada no cérebro como sensações de sons, o *Chakra Ânahata* é considerado o responsável pela recepção da música interna.

O conceito *Ânahata* refere-se às próprias vibrações sonoras pessoais, que se pensa estar intimamente associadas ao Si Mesmo e ao *Atman*. Em outras palavras, esse som interior é sagrado e uma vez alcançado, abrirá os *Chakras* do praticante, que finalmente, unirão o corpo físico ao Divino.

Com sons continuados, a mente concentrada e respiração controlada, o indivíduo pode, de acordo com o *Nāda Yoga* "ouvir" seu próprio *Chakra Ânahata* ou seu próprio "som interno". Tal processo de consciência e sensibilidade interna leva a um aumento da auto recordação e finalmente, ao despertar. Concentrar-se neste som interior como suporte para a meditação é muito útil para domar a mente.

Com a prática do *Nāda Yoga* um dos principais sons respiratórios é *aham*, onde cada parte da palavra (*a, ham*) é percebida individualmente. Os ecos produzidos por cada um desses sons, são momentos em que o *Yogue* deve se concentrar. Após ouvir um som *Nāda*, ele deve continuar se concentrando em outro som, situado por trás do primeiro e assim, sucessivamente. O *Nāda Yoga* remove as doenças e impurezas "despertando um calor no corpo". Os sons *Nāda* aparecem ser parecidos, primeiro com uma abelha. Depois, se ouve o som de um tambor, depois de cahoeira, etc. É importante notar que quando no *Yogue / Yogini* ouvem esses sons, sua mente deve permanecer concentrada.

A condição conhecida na medicina ocidental como zumbido no ouvido é considerada na medicina *Ayurvédica* possivelmente, como causada pelo despertar espiritual do som Ânahata.

Como literatura primária sobre o *Nada Yoga*, pode-se citar:

Nāda Bindu Upanishad e o *Shurangama Sutra*

O *Shūraṅgama Sūtra*, muitas vezes soletrado *Shurangama Sutra* ou *Surangama Sutra* em inglês, é um *Sutra Mahayana* e um dos principais textos utilizados na escola Chán no *budismo* chinês. No *Surangama Sutra, Avalokitesvara* diz que alcançou a iluminação através da concentração no sutil som interno. O *Buda*, em seguida elogia *Avalokitesvara* e diz que este é o caminho supremo a seguir.

Segundo *Loka Sakti Das* (*DAS*, 2010, (www.lokasaksi.com. br), "A palavra *Nāda*, do sânscrito, significa som e indica a primeira vibração na Energia Espiritual, quando ela se expressa na criação do mundo material. A forma abreviada de *Nāda* é chamada de *bindhu* (gota)".

A palavra *Nāda,* portanto, significa "Som Transcendental" ou "Som Espiritual". A expressão *Nāda Yoga*, neste caso significa "*Yoga* do Som Transcendental" ou "*Yoga* do Som Espiritual".

O processo do *Sádhana* – prática espiritual – dentro do *Nāda Yoga* consiste em reconhecer e realizar essa vibração sonora, tanto interior quanto exteriormente. Os sons podem ser classificados como *Ahat* – produzidos exteriormente – ou *Anahat* (internos), como já foi abordado acima, sendo que estes últimos só podem ser percebidos por *Yogis* avançados. Os pré-requisitos essenciais para esse tipo de prática são os mesmos que em qualquer outro ramo do *Yoga,* como por exemplo: o *Ashtánga Yoga* de *Patañjali.* Da mesma maneira, é importante possuir domínio da prática de *ásanas* e *Prânâyâmas*, pois estes ajudarão muito no processo de concentração interior e na meditação.

A música clássica indiana é uma das formas mais eficientes para o aspirante iniciar-se no *Nāda Yoga*, devido a sua natureza essencialmente *sáttwica,* ou seja, pura, elevada. Ela é constituída de uma linda variedade de *Ragas* ou modos melódicos específicos, que produzem efeitos poderosos, tanto no indivíduo como no meio etéreo (*Ákásha*) que nos cerca.

Fechando-se os ouvidos com ajuda dos polegares, ouve-se um som do espaço que está no interior do coração, cuja aparência assume sete aspectos. É como o som de um rio, de um sino, de uma caixa de cobre, de uma roda de carruagem, o coaxar de uma rã, como o som da chuva ou da palavra em um lugar fechado. Após ter ultrapassado este som, que possui diferentes características, O *Yogue* se dissolve no *Brahmân* não manifestado, "o Som Supremo."

Existem quatro versos sobre os sons *Nāda* em um texto primário do *Hatha Yoga*, denominado *Gheranda Samhitâ*, traduzido pelo autor deste livro (TINOCO. 2007, p. 89) que são os seguintes:

V-79-80. Então o *yogin* escutará vários sons internos em seu ouvido direito. O primeiro será como uma flauta. Depois, como trovão, címbalos, abelhas, sino, gongo, trompete, tambor simples, tambor duplo, nesta ordem.

V-81-82. Assim, ele (o *yogin*) consegue perceber diversos sons durante a sua prática diária.

Por trás de todos eles, se pode perceber o som *anahat,* oriundo do coração. Deste som se origina uma ressonância na qual está uma luz. Nela a mente deve submergir. Estando a mente concentrada, atinge primeiro o domínio de *Vishnu (paramapada).* Pelo domínio deste *bhahmari,* se alcança sucesso no *samadhi.*

A palavra *brahmari* se refere a um tipo de *prânâyâmama.* O texto citado descreve o aparecimento dos sons *Ânahat*, durante a prática deste *prânâyâma.* Sons *Ânahat* são tipos de sons *Nāda.*

Outros versos que falam sobre os sons místicos podem ser encontrados na *Amritanada Upanishad* traduzida do francês por Carlos Alberto Tinoco (TINOCO, 2005.p.89)

24. Ele é o som por excelência,
o Imperecível que se situa
para além de todas as categorias:
vogais e consoantes, surdas ou sonoras,
palatais ou guturais, labiais ou nasais,
semiconsoantes ou aspiradas.

25. E é por ele
que o o *yoguin* distingue o caminho
pelo qual ele conduz a respiração.

É preciso, portanto, que ele pratique sem cessar
para abrir o caminho para a respiração.

No verso 24, a expressão: "Ele é o som por excelência", significa *Akshara,* que designa a sílaba *Om* que é a representação sonora do Absoluto *Brahmân.* A expressão "que o *Yogue* distingue o caminho", significa esse som se refere ao som místico *Nāda* produzido pelo *Prana,* que ascende pela *Nadi Sushumna,* ou canal central.

Uma pequena lista de livros, que trazem textos sobre Nāda Yoga

– CALLE, Ramiro. **El *Yoga* de la energia**. Madrid. Ediciónes Libreria Argentina. 2004.

– GOLDMAM, Jonathan G. **Os sons que curam**. São Paulo-SP/Rio de Janeiro-RJ. Editora Siciliano, 1994.

– *GOPALA* (Julio Falavigna). ***Nada Yoga*, a via do som** (?). 2001.

– *SIVANANDA, Sri Swami.* ***Tantra Yoga, Nada Yoga, Kriya Yoga.*** Buenos Aires. Kier. 1983.

– TINOCO, Carlos Alberto. **As *Upanishads* do *Yoga.*** São Paulo-SP. Madras Editora. ***Amritanada Upanishad,*** 2005.ps. 84-91.

– IDEM. ***Gheranda Samhitâ.*** São Paulo-Limeira. Editora do Conhecimento. 2007.

10. Kriya Yoga

A palavra *Kriya* é de origem sânscrita e significa "esforço", "façanha", "ação". Também significa "limpeza", "purificação". A expressão *Kriya Yoga* significa "*Yoga* da Purificação". O principal propagador do *Kriya Yoga* em todo o mundo, foi *Paramahansa Yogananda* que fundou em Los Angeles a organização denominada Self Realization Fellowship. Segundo *Paramahansa Yogananda* quem lhe entregou os ensinamentos sobre *Kriya Yoga*, foi *Mahavatar Babaji*, Mestre Espiritual de *Lahiri Mahasaya*. De acordo com *Yogananda* ele recebeu sua iniciação em *Kriya Yoga* na Índia em 1861.

O *Kriya Yoga* possui como práticas espirituais, dirigir a energia psicoespiritual denominada *Kundalini* ao longo da *Nadi Sushumna*, elevando-a até o topo da cabeça e trazendo-a de volta para a base da coluna, onde se localiza o *Chakra Muladhara*. Depois, sucessivamente, fazendo-a subir e descer continuamente. Segundo os fundadores do *Kriya Yoga*, essa prática apressa a evolução espiritual dos praticantes. O *Kriya Yoga* também compreende austeridades (*tapah*), o estudo próprio ou o estudo das escrituras do hinduísmo (*svâdhyâya*) e a devoção ao Senhor (*îshvara-pranidhâna*). Isto pode ser encontrado no *Yoga Sutra* de *Patañjali*, Capítulo II (*Pada* II), *Sutra* 1.

O *Kriya Yoga* é uma via do *Yoga* revivido nos tempos modernos por *Lahiri Mahasaya*. *Paramahansa Yogananda* difundiu *Kriya Yoga* em grande escala para o público em geral através do livro "Autobiografia de um *Yogue* Contemporâneo". O sistema consiste em técnicas Yóguicas que aceleram o desenvolvimento espiritual e ajudam a alcançar um profundo estado de tranquilidade e comunicação com Supremo e com o próprio Eu Superior.

De acordo com *Paramahansa Yogananda, o Kriya Yoga* já era conhecido na Índia ancestral, mas em determinada altura perdeu-se devido à indiferença dos homens. Mas em 1861, o imortal *Yogue Mahavatar Babaji* iniciou *Lahiri Mahasaya* no *Kriya Yoga*. *Lahiri Mahasaya* então reviveu a prática, que foi rapidamente difundida na Índia. *Paramahansa Yogananda* foi preparado durante décadas para a missão de disseminar o *Kriya* no Ocidente, por seu guru *Swami Sri Yuktéswar Giri,* um dos discípulos mais adiantados de *Lahiri Mahasaya*. Ao chegar nos EUA, *Paramahansa Yogananda* fundou a Self-Realization Fellowship, uma organização que permitia congregar estudantes e monásticos, fez inúmeras palestras, escreveu dezenas de livros e organizou seus ensinamentos espirituais em um conjunto de lições, que desde então espalham *Kriya* pelo mundo. Todavia, *Yogananda* ensinou *Kriya Yoga* de forma diferente do que agora é difundido pela organização que ele mesmo fundou. *Kriya Yoga* é uma vasta ciência de iluminação e os mestres do *Yoga* a ensinam, de acordo com a época e com os diferentes discípulos. O *Kriya Yoga* é uma prática de meditação que não requer isolamento social ou físico e ajus-

Mahavatar Bábaji.

ta-se tanto às pessoas comuns quanto aos monges. A partir dos princípios do *Karma Yoga*, o *Kriya Yoga* ensina que toda ação – *"Kri"* – é feita pela alma que reside em seu interior – *"ya"*.

A *Kriya Yoga* esteve perdida nas Idades das Trevas e foi revivida a partir do século XIX, por *Mahavatar Babaji*. *Lahiri Mahasaya*, um de seus discípulos foi o primeiro da época atual a ensinar abertamente a *Kriya Yoga*. Mais tarde *Babaji* pediu a *Swami Sri Yukteswar Giri* (1855-1936), discípulo de *Lahiri Mahasaya*, que treinasse *Paramahansa Yogananda* e o enviasse ao Ocidente para transmitir ao mundo esta técnica significativa da alma, como já foi dito.

Lahiri Mahasaya.

Paramahansa Yogananda foi escolhido por sua veneranda linhagem de *gurus* para trazer ao Ocidente a antiga ciência da *Kriya Yoga* e foi com este propósito que ele fundou a *Self-Realization Fellowship* em 1920, em Los Angeles- USA.

Antes acessível apenas aos poucos fiéis que renunciavam ao mundo e levavam vida reclusa como ascetas, os grandes mes-

Sri Yuteswar Giri, mestre de Yogananda.

tres da Índia colocaram atualmente a antiga ciência da *Kriya Yoga* ao alcance dos buscadores sinceros de todo o mundo, através de *Paramahansa Yogananda* e da organização espiritual que ele fundou.

Kriya Yoga não é uma religião. É uma ferramenta poderosa para ser usada pelos que trilham o caminho espiritual e desejam acelerar seu autodesenvolvimento. Seus ensinamentos enfatizam o relacionamento entre respiração e mente, que se influenciam mutuamente. Nessa reciprocidade, reside o segredo do controle da mente: "o controle da respiração é autocontrole".

Nenhum dos textos sagrados da Índia registra o início da antiga tradição do *Kriya Yoga*. Desde tempos imemoriais, essa técnica vem sendo praticada por santos, profetas, *yogues* e sábios. Ou seja, o *Kriya Yoga* segue uma linhagem de mestres realizados cujos ensinamentos são transmitidos unicamente do mestre para o discípulo. Praticadas em conjunto como um sistema completo, as técnicas dão ao praticante a possibilidade de obter os benefícios mais elevados possíveis e alcançar o objetivo divino da antiga ciência do *Yoga*. As principais técnicas do *Kriya Yoga*, são as seguintes:

1. Exercícios de Energização

Exercícios psicofísicos que preparam o corpo para a meditação, desenvolvidos por *Paramahansa Yogananda* em 1916. A prática regular dos exercícios proporciona relaxamento físico e mental e desenvolve a força de vontade dinâmica. Utilizando respiração, força vital e atenção concentrada a técnica possibilita atrair abundante energia conscientemente para o corpo, purificando e fortalecendo todas as suas partes, uma após a outra. Os Exercícios de Energização, que são feitos por cerca de 15 minutos, são meios muito eficazes para eliminar o estresse e a tensão nervosa. Quando praticados antes de meditar, são de grande ajuda para se entrar na quietude, no estado de consciência interiorizado.

2. Técnica de Concentração de Hong-Só

Ajuda a desenvolver os poderes latentes que podem ser obtidos pela concentração. Com a prática desta técnica aprende-se a retirar o pensamento e a energia das distrações externas para poder concentrá-los em qualquer objetivo ou problema que necessite solução. Também podemos empregar a atenção concentrada para perceber a Consciência Divina em nós.

3. Técnica de Meditação de Om

Ensina a utilizar o poder de concentração da forma mais elevada, isto é empregá-lo para descobrir e aperfeiçoar as qualidades divinas de nosso verdadeiro Eu. Este método antigo nos ensina a experimentar a onipresente Presença Divina ao cantar do *Mantra Om*, o Verbo ou Espírito Santo que está em toda a criação e a sustenta. A técnica permite expandir a consciência além das limitações de corpo e mente, permitindo que alcancemos a bem-aventurada percepção de nosso potencial infinito.

4. Técnica de Kriya Yoga

A *Kriya* é uma avançada técnica *Raja Yoga* de *Prânâyâma* que reforça e revitaliza as correntes sutis de energia vital – *Prana* – na espinha dorsal e no cérebro. Os antigos videntes da Índia – *rishis* – perceberam que o cérebro e a coluna vertebral constituem a árvore da vida. Pelos sutis centros cerebroespinhais de vida e consciência – *Chakras* – flui a energia que dá vida a todos os nervos, órgãos e tecidos do corpo. Os *Yogues* descobriram que, movimentando continuamente para cima e para baixo a corrente vital ao longo da coluna vertebral com a técnica especial de *Kriya Yoga,* podemos acelerar enormemente nossa evolução espiritual.

A prática correta da *Kriya Yoga* faz com que a atividade normal do coração, dos pulmões e do sistema nervoso desacelere de modo natural, o que origina profunda tranquilidade interior do corpo e da mente libertando a atenção da turbulência normal de pensamentos, emoções e percepções sensoriais. Na clareza da serenidade interior, sentimos uma paz cada vez mais profunda e nos harmonizamos com nossa alma e com o Supremo.

Como aprender Kriya Yoga

O primeiro passo é pedir as *Lições da Self-Realization Fellowship*. No primeiro ano de estudo em casa, os estudantes aprendem três técnicas básicas de meditação já referidas acima, e os princípios da vida equilibrada, dados por *Paramahansa Yogananda*.

Esta introdução gradual tem um propósito. Assim, o atleta que pretende atingir os seus objetivos, deve se preparar fisicamente antes de alcançar a meta. O buscador espiritual também precisa de um período inicial para aclimatar seus hábitos e pensamentos, preparar a mente com devoção e concentração e se exercitar na prática de direcionar a energia vital do corpo. Então o *Yogue*, gradualmente, vai se tornando capacitado à fazer ascender pela coluna, a energia *Kundalini*, com a ajuda do seu orientador espiritual. Depois de um ano de prática e preparação, o estudante cumpre os requisitos necessários para pedir iniciação na técnica de *Kriya Yoga* e estabelecer formalmente a consagrada relação

Paramahansa Yogananda.

guru-discípulo, com *Paramahansa Yogananda* e sua linhagem de mestres iluminados.

Os discípulos mais conhecidos de *Lahiri Mahasaya* foram *Swami Sri Yukteswar Giri, Panchanon Bhattacharya, Swami Pranabananda, Swami Kebalananda, Swami Keshabananda* e *Bhupendranath Sanyal (Sanyal Mahasaya).*

Alguns livros que contém textos sobre Kriya Yoga

– *SANYAL, Bupendra Nath.* **A vida do yogiraj Lahiri Mahasaya.** Rio de Janeiro-RJ. Editora Lótus do Saber. 2003.

– *SIVANANDA, Sri Swami.* **TantraYoga, Nada Yoga, Kriya Yoga.** Buenos Aires. Editorial Kier S.A. 1983.

– *GIRI, Swami Sadhananda* (?). **Kriya Yoga** – **Its Mystery** & **Performing Art**", *Jujersa Yogashram.* (?)

– *GOVINDAN,M.* (1991). **Babaji** and the **18** *Siddha Kriya Yoga* **Tradition.** *Kriya Yoga* Publication. 1991.

– *YOGANANDA, Paramahansa.* **Autobiografia de um** *yogue* **contemporâneo.** São Paulo-SP. Summus Editorial Ltda. 1976.

11. Kundalini Yoga

Kundalini, como já foi dito é a energia psicoespiriritual localizada no *ChaKra Muladhara*. *Kundalini Yoga*, neste caso é o ramo do *Yoga* que objetiva erguer a *Kundalini*, elevando-a até o *Chakra Sahasrara*. O *Kundalini Yoga* trabalha com todas as técnicas do *Hatha Yoga*, aperfeiçoando aquelas que possam erguer a *Kundalini*. São técnicas respiratórias intensas para introduzir a *Kundalinî* na *Nadi Sushumna*, meditações dinâmicas, práticas prolongadas de *bandhas, mudrás* feitos com o corpo e com as mãos.

A *Kundalini Yoga* é conhecida como a primeira forma de *Yoga*. *Kundalini* é a energia latente que está na nossa coluna vertebral e que percorre o caminho ascendente dos sete *Chakras* principais, do *Chakra Muladhara* até o *Chakra Saharara*, localizado no topo da nossa cabeça, como foi dito anteriormente.

Segundo os praticantes de *Kundalini Yoga*, esta energia é despertada pela prática de posturas – *asanas* –, exercícios respiratórios – *Prânâyâma* –, meditação e a entoação de cantos vocálicos específicos – *Mantras*. Todos esses instrumentos, posturas, exercícios de respiração, meditação e cantos têm como objetivo fazer com que o fluxo ascendente da energia *Kundalini* percorra a coluna vertebral e reorganize o movimento dos sete *Chakras* mencionados. Esta forma de *Yoga,* a *Kundalini Yoga,* também é conhecida como "*Yoga* da Consciência" pois tem por objetivo despertar no ser humano o seu potencial espiritual e criativo.

A *Kundalini Yoga*, talvez, fez parte dos ensinamentos secretos e só foi trazida a público no século XX. Alguns dizem que esta prática deriva do *Hatha Yoga.* Outros afirmam ser esta a primeira prática de *Yoga* dos guerreiros Sikhs. O importante é se conhecer, de forma simples e direta os benefícios desta prática e entender o que é a *Kundalini*, que é representada por uma cobra em movimento de espiral ascendente, em fogo, o que, por si só, é muito significativo.

O principal mantra da *Kundalini Yoga* é o conhecido como *Om*. Outro é "Sat Nan". É através do seu som que se ativa os sete *Chakras,* ativando principalmente, o *Ajña Chakra*, conhecido como "terceiro olho". Entoando esse *Mantra* o praticante estará pronto para sentir, entender e tomar consciência do movimento da *Kundalini* em seu corpo e começar a aprender a lidar com todo o seu potencial energético espiritual.

Os benefícios da prática de *Kundalini Yoga* são vários e dentre eles destaca-se: a) tornar os praticantes mais fortes e energeticamente saudáveis; b) melhorar a respiração; c) melhorar a digestão; d) estimular a força de vontade; e) ajudar a superar os maus hábitos; f) purificar o corpo ajudando a eliminar toxinas, o que certamente vai tornar o praticante muito mais ágil e flexível; g) melhorar o foco da atenção ou da concentração.

Através dos exercícios de respiração, nos quais se aprende a tomar consciência dessa função instintiva, a prática de meditação nos ajudará a melhorar a capacidade de concentração da mente, pela limpeza, depuração da "confusão mental" em que vivemos habitualmente, e assim, o praticante conseguirá em pouco tempo atingir uma calma interior, que é fundamental para a saúde e o desenvolvimento do processo criativo.

A energia *Kundalini* está representada na ilustração a seguir.

Uma representação da Kundalini.

Kundalini é uma palavra sânscrita que significa"enrolado" ou "enrolado como uma serpente." Há uma série de outras traduções do termo que geralmente enfatizam a natureza de uma serpente, uma representação simbólica antiga da fisiologia *Kundalini*. O conceito de *Kundalini* vem da filosofia *Yogue* da Índia antiga e refere-se à "inteligência mãe" despertada através do *Yoga* e do amadurecimento espiritual. Ela pode ser considerada como uma espécie de divindade. Dentro de um quadro de compreensão ocidental é frequentemente associada às práticas contemplativas ou religiosas, que podem induzir a um estado alterado de consciência, ou trazidas de forma espontânea, através de um tipo de *Yoga*, ou através de drogas psicodélicas, o que é aceito com restrições. A literatura espiritual contemporânea, muitas vezes observa que a localização dos sete *Chakras* principais, como descritos no *Tantra,* têm uma forte correlação com localização e no número das principais glândulas endócrinas, bem como, o feixes de nervos chamados gânglios.

Os principais divulgadores do *Kundalini Yoga* são *Guru Nanak, Guru Gobind Sing, Guru Ram Das Sahib, Guru Angad Sahib, Guru Har Krishan Sahib, Shakta Kaur Khalsa* e outros.

Yogue Bhajan tinha PhD e ensinou entre 1969 e 2004 em todo mundo. Era um professor excelente, formidável palestrante. Nasceu em 1929, obtendo maestria em *Kundalinî Yoga.* Foi conselheiro e professor aos 16 anos. Era considerado um mestre no *tantrismo* da mão direita (*Dakshina Tantra*). Obteve mestrado em Economia em 1952 e Doutorado em Psicologia da Comunicação em 1980. É autor de mais de trinta livros em papel e outros 200 on-line e vários vídeos. Pelo seu trabalho, inspirou os *Sikhis* e os não *Sikhis* a viverem os conhecimentos sobre a espiritualidade superior. Ele é autor de muitos livros sobre *Kundalinî Yoga.* Recentemente, foi acusado por discípulos de assédio sexual, e contrabando de armas, para a decepção dos seus seguidores.

A *Kundalini Yoga não é citada nos textos primários do Yoga.* Por esta razão, acredita-se que esta via do *Yoga* é uma "invenção" do *Yogue Bhajan.*

Livros com textos do Kundalini Yoga

– *Guru Granth Sahib*. Composto durante o período denominado *Guru Singh* (1666-1708).

– *BHAJAN,Yogi* . **The teaching of *Yogi Bhajan*.** (?). Archine Publication. 1997.

– *KHALSA, Shakta Kaur.* **Kundalini Yoga.** (?). DK Alamah. 2001.

– *KHALSA, Shakti Parwar Kaur.* **Kundalini Yoga.** New York. Perigee Books. 1998.

– *KHALSA,Gururattan Kaur* . **Sexuality and spirituality.** (?) *Yoga* Technology Press. 1989.

_____. **Introduction to *Kundalini Yoga*.** México. *Yoga* Technology Press. 1989.

– *SING-SADHANA, Gurucharan.* **Sadhana guide of *Kundalini Yoga*.** (?). KRI Edition. 2007.

12. Swástya Yoga

Ramo do *Yoga* muito novo criado no Brasil no início da década de 1960, por De Rose. Dedica-se ao ensino d*e asanas, mudrás, puja* – ritual de entrega às deidades –, cantar *Mantras, prânâyâmas, kryias* – purificações–, *Yoganidrâ* – técnica de relaxamento –, *samyama* – concentração, meditação e *samadhi* –. Luis Sergio Alvares De Rose -brasileiro –, mais conhecido por Mestre De Rose foi o fundador do *Swâstya Yoga.* Ele é o autor da ideia de que a palavra certa não é *Ioga* nem *Yoga*, e sim, *Yôga*, com acento circunflexo. Além disso, a palavra é masculina. Não se deve dizer a *Ioga* ou a *Yoga* ou ainda a *Yôga* e sim, o *Yôga.* De Rose defende a ideia de que a chamada Civilização Harapeana que habitou o

De Rose.

vale do Rio Indu, no atual Paquistão possuía uma forma de Y*oga* Primitivo: "De Rose defende categoricamente o *Yôga* Antigo, pré-clássico, pré-védico, *Dakshinatára-atántrika-Nirishwara-Sánkhya Yôga*, o qual sistematizou e **denominou-o** *Swástya Yoga*", (Mestre De Rose. 2000. São Paulo – SP. Martin Claret).

Há uma figura esculpida em um selo de esteatita para marcar cargas marítimas, onde se pode ver a figura de um proto-*Shiva* que se encontra em Delhi e mede cerca de 3,5 x 3,5 cm, elaborado pelos habitantes da antiga civilização do Vale do Indo e que seria uma evidência de que existiu um *Yoga* pré-*védico*.

Segundo De Rose, o *Swâstya Yôga* é o tronco do qual saíram os diversos ramos ou vias do *Yoga*.

Proto Shiva encontrado no vale do Rio Indo.

Livros sobre Swástya Yoga

– CASTRO, Rosângela de (2001). **Gourmet vegetariano**. São Paulo-SP. Nobel Franquias S.A. União Nacional de *Yôga*. 2001.

– FLORES, Anahi. **Coreografias**. São Paulo. Editora Uni-*Yôga*-União Nacional de *Yôga*. Universidade de *Yôga*. 2003.

– FLORES, Melina. **108 famílias de *ásanas***. São Paulo. Edição da autora. 2005.

– DE ROSE. **Tratado de *Yôga***. São Paulo. Nobel Franquias S.A. Editora Uni-*Yôga*. União Nacional de *Yôga*. Universidade de *Yôga*. 2007.

_____ **Prontuário de Y*ôga* Antigo**. Rio de Janeiro. Editora Ground. 1969.

_____ **Faça *Yôga* antes que você precise**. São Paulo. Editora Martins Claret Ltda.2000.

_____ **Tudo o quem você nunca quis saber sobre *Yôga* (e jamais teve a intenção de perguntar)**. São Paulo. Editora Martins Claret. Uni-*Yôga*-União Nacional de *Yôga*. Universidade de *Yôga*. 2001.

_____ **A regulamentação dos profissionais de *Yôga***. São Paulo. Editora Uni-*Yôga*. União Nacional de *Yôga*. Universidade de *Yôga*. 2002;

_____ ***Yôga*, mitos e verdades (Saiba em que você está se metendo)**. São Paulo. Editora União nacional de *Yôga*. 2000.

_____ **Quando é preciso ser forte. Um aprendizado sobre a superação, determinação e sucesso**. São Paulo. Nobel Franquias S.A. União Nacional de *Yôga*.2008.

_____ **Programa do curso básico de *Yôga*.** São Paulo. Editora Uni--*Yôga*-União Nacional de *Yôga*. Universidade de *Yôga*. 2007.

_____ **Boas maneiras no Yôga.** São Paulo. Nobel Franquias S.A. União Nacional de *Yôga*. 1995.

_____ **Eu me lembro......** São Paulo. Nobel Franquias S.A. União Nacional de *Yôga*. 2003.

_____ **Encontro com o Mestre.** São Paulo. Matrix e Kier, Buenos Aires. 2002.

_____ ***Yôga* Sútra de Pátañjali.** São Paulo. Editora Uni-Yôga. 1996.

_____ ***Sútras* - máximas de poder e êxtase.** São Paulo. Nobel Franquias S.A. União. Nacional de *Yôga*. 2002.

_____ **Alimentação vegetariana: chega de abobrinhas.** São Paulo. Editora Nobel Franquias S.A. União Nacional de *Yôga*. 2003.

_____ **Origens do *Yôga* Antigo.** São Paulo. Nobel Franquias S.A. União Nacional de *Yôga*. 2005.

_____ **Alternativas de relacionamento afetivo.** São Paulo. Nobel Franquias S.A e Lisboa. Afrotamento. 2004.

_____ ***Tantra,* a sexualidade sacralizada.** São Paulo. Editora Uni--*Yôga*. União Nacional de *Yôga*. Universidade de *Yôga* e Buenos Aires, Logseller. 2009.

_____ **Mensagens do *Yôga*.** São Paulo. Editora Uni-*Yôga*-União Nacional de *Yôga*. Universidade de *Yôga*. 1995.

_____ ***Karma e dharma* - transforme sua vida.** São Paulo. Editora Uni-*Yôga*. União Nacional de *Yôga*. Universidade de *Yôga*. 2003.

_____ *Chakras* e *kundalini*. São Paulo. Nobel Franquias S.A. União Nacional de *Yôga*.2006.

_____ **Meditação**.São Paulo, Editora Uni-*Yôga* União Nacional de *Yôga.* Universidade de *Yôga.* 2004.

_____ **Corpos do Homem e Planos do Universo**. São Paulo. Editora Uni-*Yôga.* União Nacional de *Yôga.* Universidade de *Yôga.* 2001.

_____ **Guia do instrutor de *Yôga**.* São Paulo. Editora Uni-*Yôga* União Nacional de *Yôga.* Universidade de *Yôga.* 1982.

– MARENGO, Joris. **50 aulas práticas de *Swástya* Yôga**. São Paulo. Nobel Franquias S.A. União Nacional de *Yôga.* 2002.

– IDEM. ***Yôga*, controle do Stress e qualidade devida.** São Paulo. Editora Uni-*Yôga.* União Nacional de *Yôga.* Universidade de *Yôga.* 2005.

– MARINHO, Ana Maria. **80 Exercícios Respiratórios de *Swástya Yôga**.* São Paulo. Editora Uni-*Yôga.* União Nacional de Yôga. Universidade de Yôga 1985.

– SANTOS, Mestre Sérgio.***Yôga, sánkhya e tantra.*** São Paulo. Editora Martins Claret. Universidade *Yôga.* União Nacional de *Yôga.* 2000.

– IDEM. **A força da gratidão**. São Paulo. Editora Nobel Franquias S.A. União Nacional de *Yôga.* 2006.

– VIEIRA, I. **Culinária saborosa do *Yôga**.* São Paulo. Editora Martins Claret. União Nacional de *Yôga.* Universidade de *Yôga.* 2000.

CATÁLOGO DE LIVROS PUBLICADOS PELA IBRASA